図解 山岳救助技術

確保的根拠から救助技術まで

山本一夫 ｜ イラスト 橋尾歌子・大越玉代

東京新聞

装丁・本文組

竹田壮一朗

イラスト

橋尾歌子
大越玉代

は じ め に

　山岳遭難救助とは山という「自然界」の中での活動であり、まず自然界を少しでも理解する力を深めねばならない。山を知るには山で過ごすことが大切で、経験の伴わない知識では通用しないことも多々あり、経験と知識を総合的に高めるところから始まる。

　山岳遭難救助には様々な危険が内包されている。大雨による急激な増水や鉄砲水、落石、斜面の崩落、天候の急変、落雷、火山噴火、危険な野生生物、雪山にあってはホワイトアウト、雪崩、雪庇の崩壊など、これらは「外的危険」といい、これに対して「内的危険」がある。この内的危険とは自分自身の中に内在するもので、外的危険を理解することにより排除しリスクを減らすことができる。また救助隊員1人1人が「想定外の危機に対応する能力」を磨きチームの「防御力」を高めることが肝要である。

　救助の中でもロープ救助に当たっては「支点取りに始まり支点取りに終わる」といっても過言ではなく、救助を優先するあまり「確保理論」を軽視してはならない。ロープ内に発生する目視できない力、「張力」に重点を置き理解してこそ安全に確実性の高い救助が望めるので、ここでは確保理論を根拠にこの書を展開した。

　要救助者においては苦痛の軽減と後遺症なき早期の社会復帰が望ましく、最小限の資機材で安全に早く現着から救助完了までの時間を短縮することが必須であり、日頃からシナリオトレーニングを進めておきたい。具体的には地形図を読み、要救助者の位置確認、発見、進入、合流、確保、救助方法の共通理解、方針の共有など、見えない救助現場を可視化することで事案に備える必要がある。

　本書では「自分の身の安全は自分で守れる」、つまり、基礎的技術はすでに習熟されている方々に、次へのステップの参考にしていただきたいと考えている。そのため「枝葉的な技術」はそぎ落とし、最小限の資機材での救助方法に特化した本来の山岳救助技術を記述している。

　なお山岳救助の経験がない方には、基本である自然物（立ち木や岩など）への支点取り、アンカーの構築方法などを、事前に習得することをおすすめする。記述したロープの結びや技術的な名称は各分野で必ずしも統一されていないが、ここでは一般的に支持されている名称で表記している。

　なお、本書は14章で構成しているが、特に13章の読図とナビゲーションは山岳救助では必須である。所轄する山岳地形を事前に把握することで安全でスピーディーな救助活動が可能となる。

山本一夫

目　次

第1章
ロープの結び方

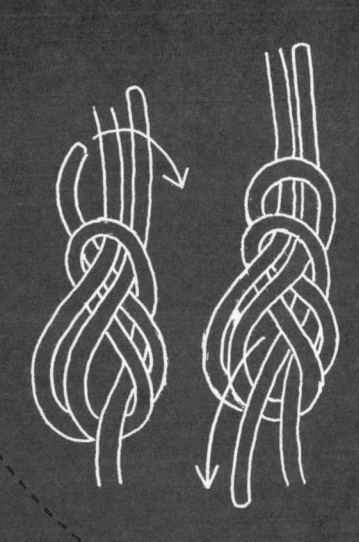

山岳救助の資機材ではロープが多用される。ロープの性質を学び、使用時に発生するであろう目に見えない「張力」をよく理解することが大切だ

1 ロープの結着

1 ボーラインノット

立ち木にメインロープを直に結着する結び方。直径
30cm 以上の立ち木にロープを2回巻き、ボーライン
ノットで結着する。

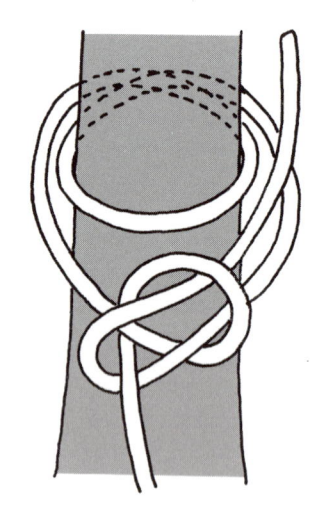

ボーラインノット（もやい結び）

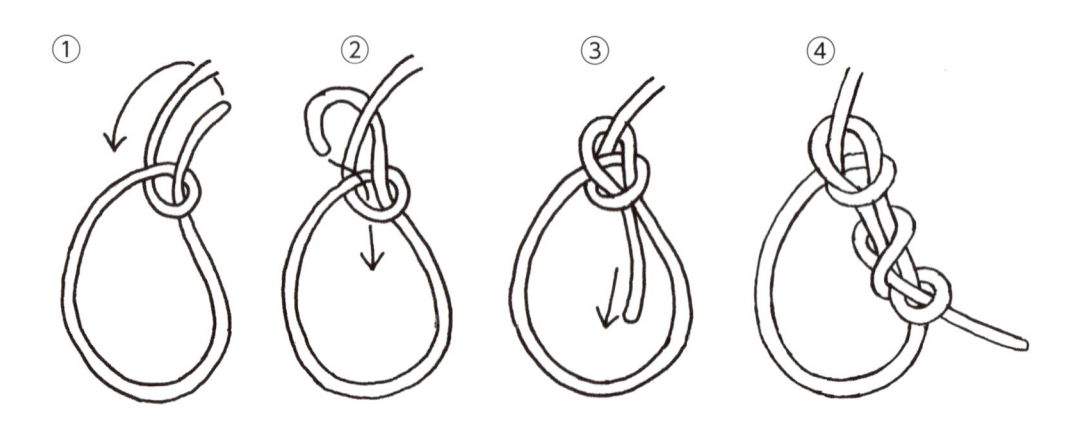

① ② ③ ④

④は ダブルフィッシャーマンズノットで止め結び

Point

メインロープに余裕がある場合は、スリングやカラビナが不要で手早くアンカーの構築が
できる。また大きな張力が掛かった後でも結びが簡単に解ける。なお、各ロープの止め結
び後の余長はロープ径の 10 倍とする。

2 石八結び (いしはち)

1立方メートル（m³）以上の石に径 10mm × 30m のロープを 8 の字状に回し掛けアンカーとする。石は 1 立方メートル（m³）で 2500kg 以上の重量があり、アンカーとして十分な使用に耐えられる。沢、谷床で立ち木などへの支点取りが困難な場合に有効である。

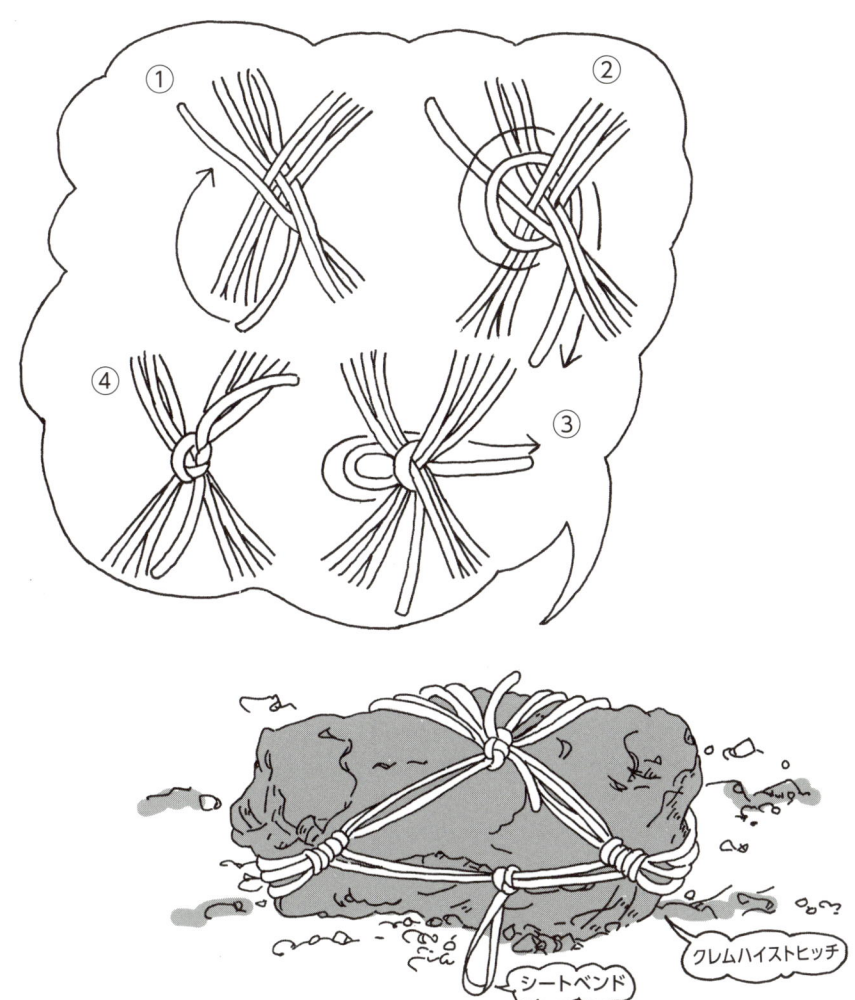

シートベンド

クレムハイストヒッチ

3 ラップ 3 プル 2（W3P2）

耐剪断性に強い、径 10mm × 10m のロープを岩に少し弛ませて 3 回巻き（W3）ダブルシートベンドで結着し、ロープ 2 本をカラビナで掴み引く（P2）。岩に対しては耐剪断性に弱いソウンスリングを使用してはならない。

4 メインロープをハーネスに結ぶ（8の字結び）

古来から、クライマーはハーネスへのロープの結着方法を試行錯誤してきた。8の字結びは見た目、工程で数字の8の字をなぞるように結んでいくので、間違えにくい。また、結び目の強度は15.5KNと最強であり、今日では一般的にハーネスへ結ぶときの結び方になっている。8の字結びに限らず、結びの末端はダブルフィッシャーマンズノットで止め結びし、末端の余長はロープの径の10倍とする。

❶ フィギュア エイト・フォロースルー ハーネスを直に結ぶ

ハーネスとロープを結着させる、重要で基本的なロープワーク。正しい手順を身につけたい。

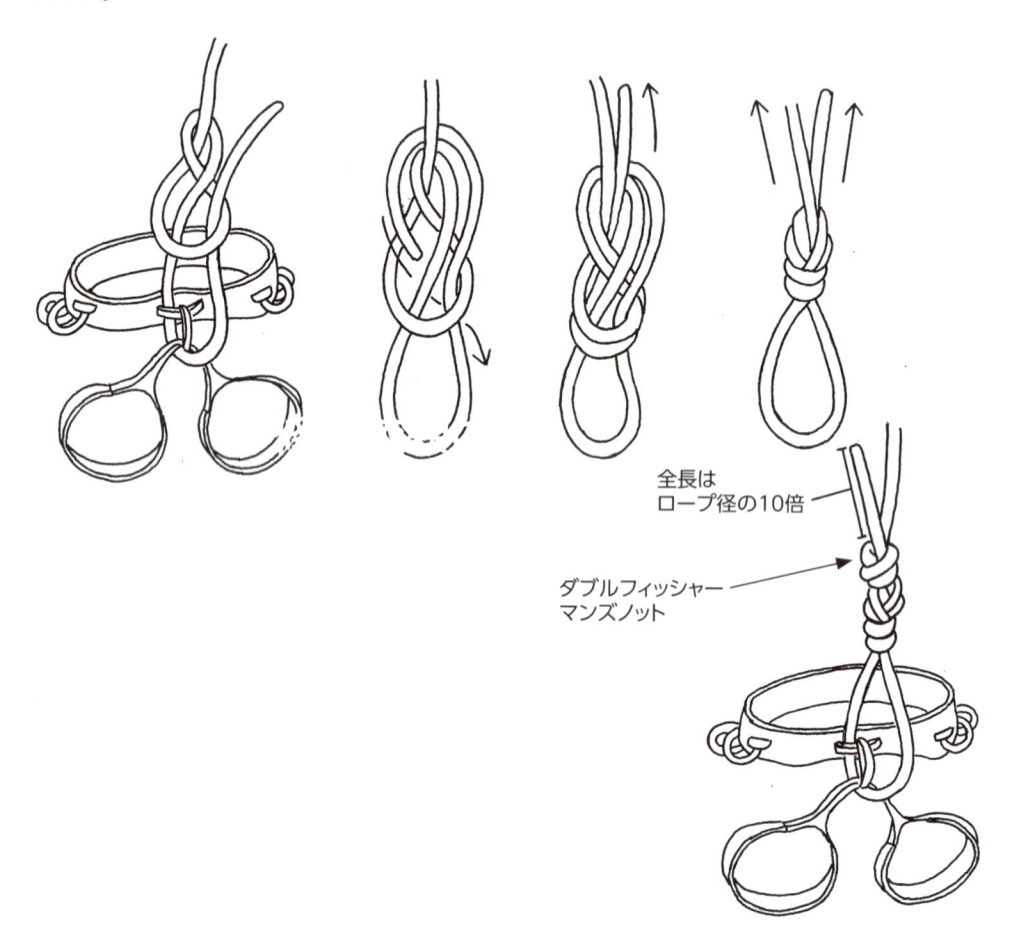

全長は
ロープ径の10倍

ダブルフィッシャー
マンズノット

❷ フィギュアエイト・オン・ア・バイト
  ハーネスにカラビナを介して結ぶ方法

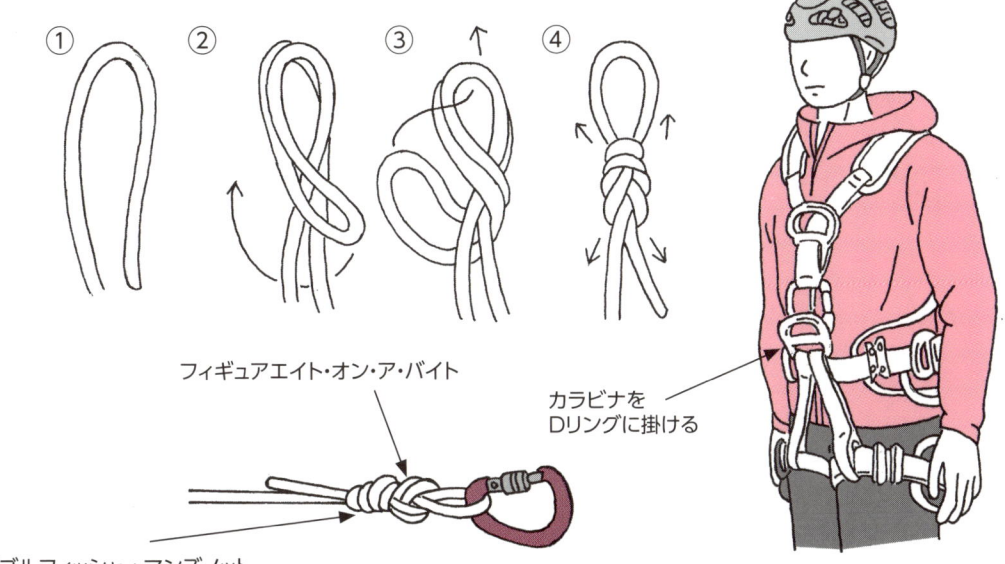

① ② ③ ④

フィギュアエイト・オン・ア・バイト

ダブルフィッシャーマンズノット

カラビナを
Dリングに掛ける

5 ロープの連結

ロープの連結方法は多数あるが、結び目の強度が13KN以上あり、2本のロープが異なる場合でも連結が可能な結びであることが条件である。フレミッシュベンド（＋ダブルフィッシャーマンズノット）は、大きな張力が掛かった後でも結び目がほどけやすい。ダブルフィッシャーマンズノットは、レスキューエイト環を使用すれば、結び目の通過が簡単にできる。

❶ フレミッシュベンド（＋ダブルフィッシャーマンズノット）

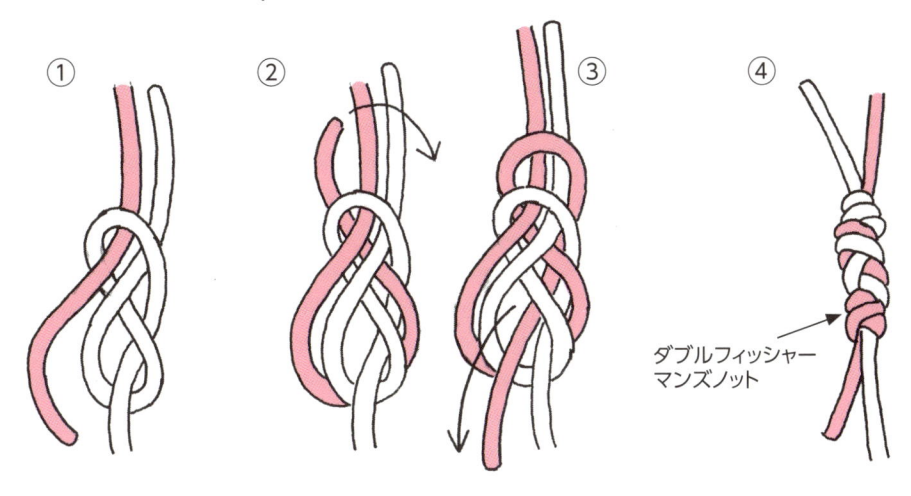

① ② ③ ④

ダブルフィッシャー
マンズノット

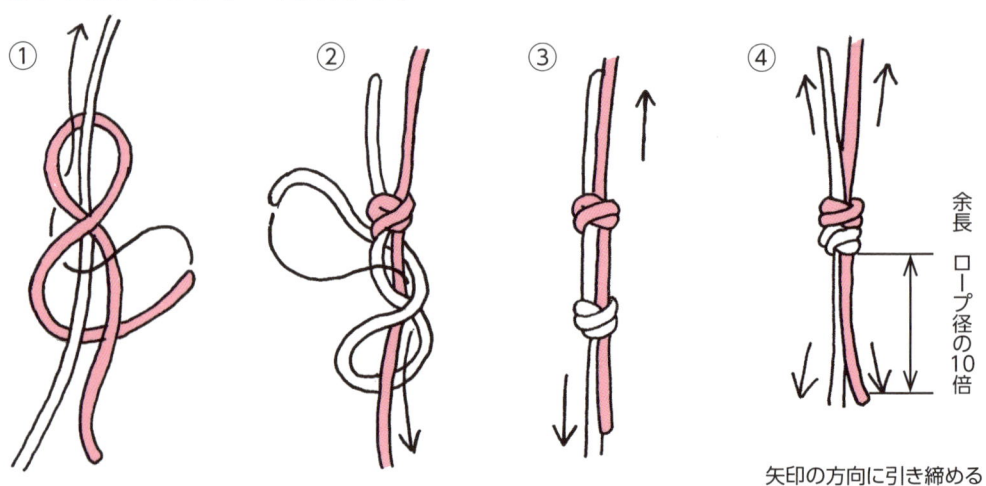

矢印の方向に引き締める

6 ワイヤー南京（なんきん）

ワイヤー南京は、結び方が複雑だが、大きな張力が発生する張り込み救助の主線ロープをアンカーに結ぶ最適な結び方であり、大きな張力が掛かったあとも結び目が比較的解けやすく結び目の強度も 15KN 以上ある。

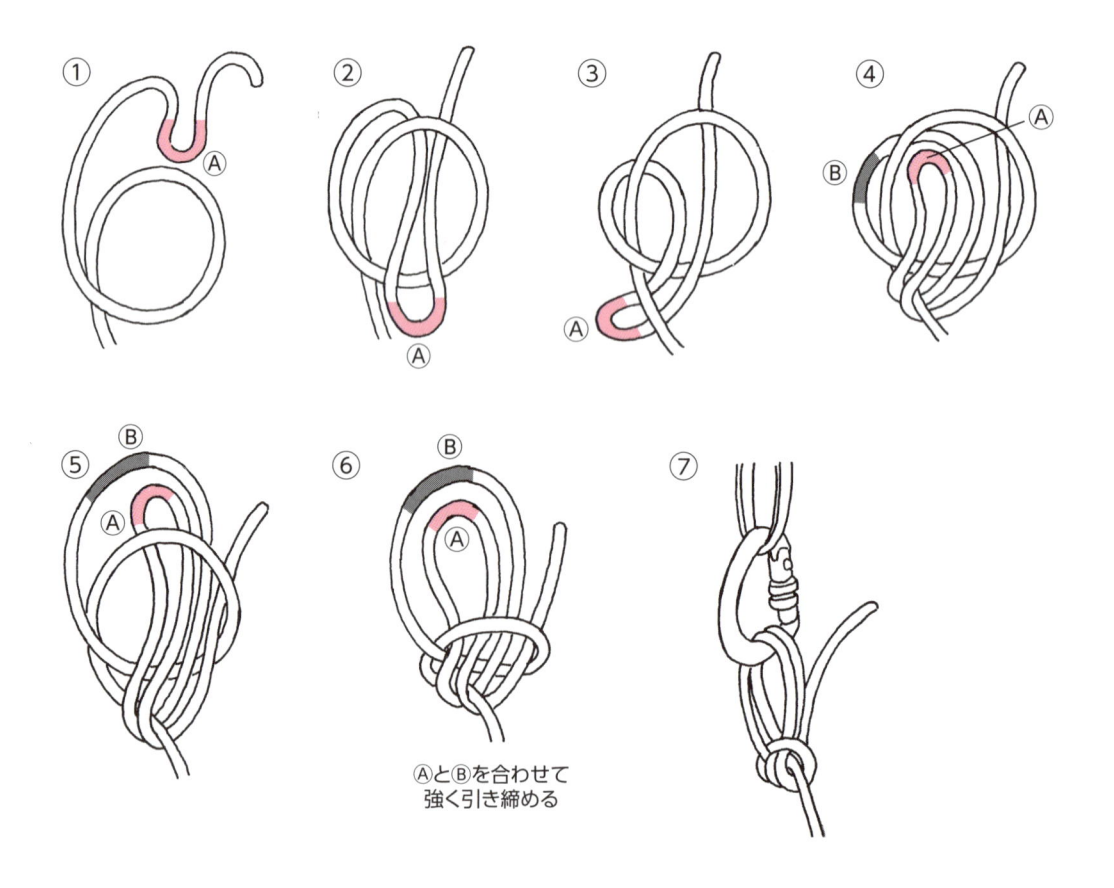

Ⓐとの合わせて
強く引き締める

7 ロープの中間の結び方

❶ バタフライノット

早く結べて、大きな張力が掛かった後も結び目が解けやすい。

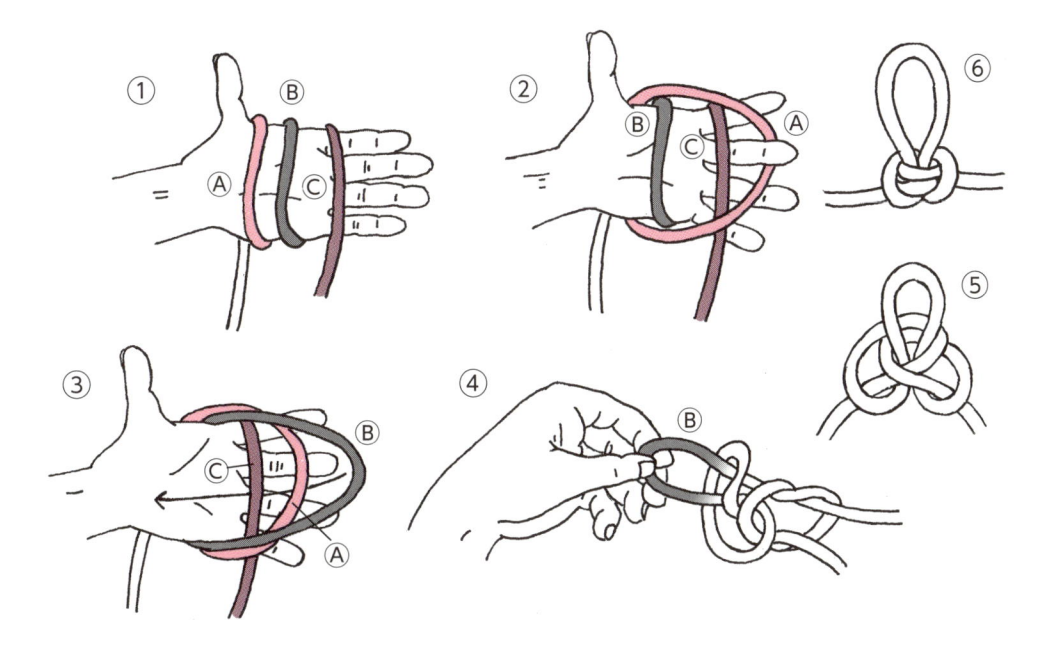

❷ クローブヒッチ

固定ロープの中間支点での結び方では代表的な結びで、ロープの長さの調整も簡単であり、大きな張力が掛かった後も簡単に解けるのが最大の特徴であり、早く結着できる。用途の広い結び方である。

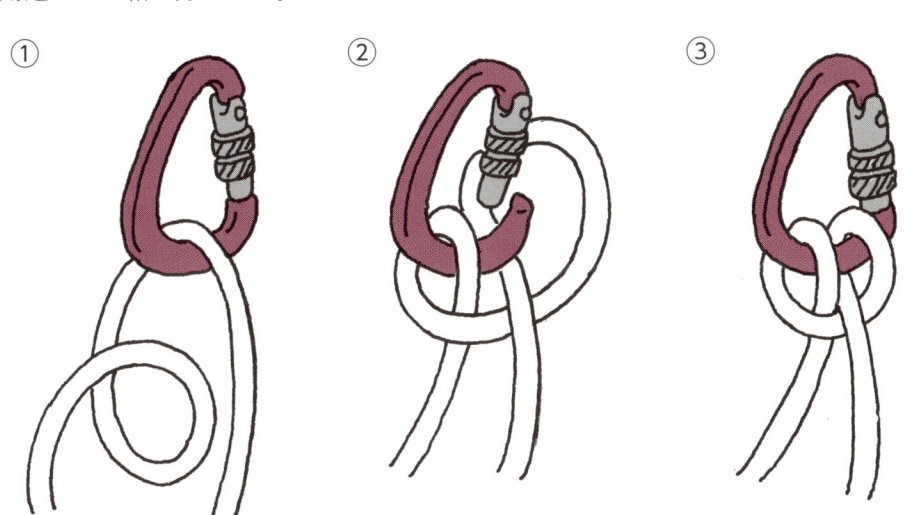

8 **要救助者に装着する簡易チェストハーネスと**
　シットハーネスの作り方

● チェストハーネス

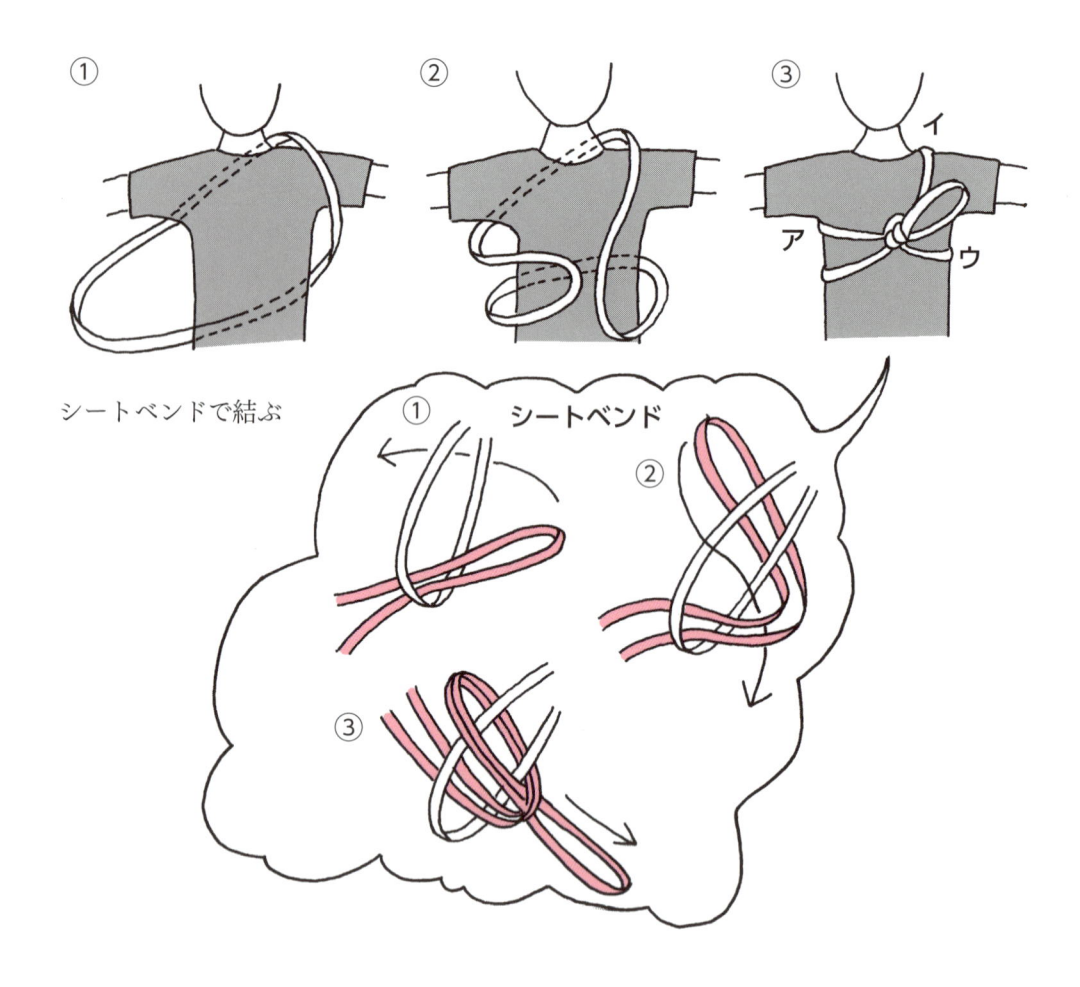

シートベンドで結ぶ

120cmのソウンスリングを使い、最後はシートベンドで結ぶと、体にかけたソウンス
リングの3方（ア、イ、ウ）のいずれかから引いても緩まない。

❷ シットハーネス

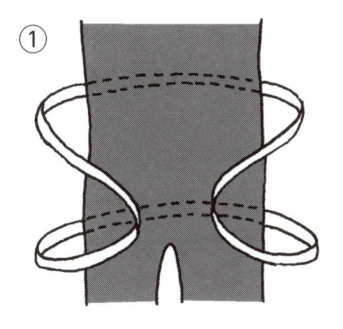 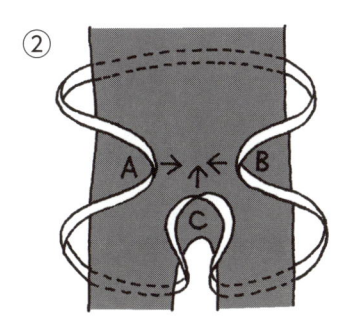 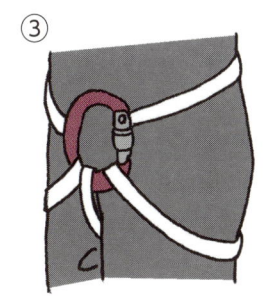

120cm のソウンスリングを使い、A・B・C 3箇所にカラビナをかける

Point

要救助者を背負う場合に、要救助者が後方にのけぞるのを防止するために、チェストハーネスを救助者のハーネスに肩越しにスリングで繋ぎ止めて防ぐ。

また、要救助者を背負っての引き上げ、吊り下げ救助の場合は、シットハーネスとチェストハーネスを連結し、フルボディハーネスとし、荷重分散のための振り分けロープに結着する。

なお、ハーネスを作るソウンスリングの長さは要救助者の体格に合わせて 120cm や 180cm 長のものを使い分ける。

振り分けロープ

チェスト&シットハーネス

9 ロープを掴む結び方

● プルージックヒッチ

① ② ③

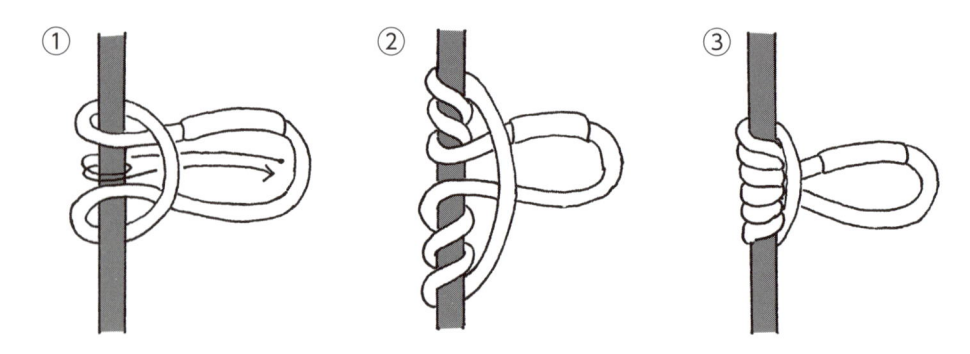

● オートブロックヒッチ

① ② ③ ④

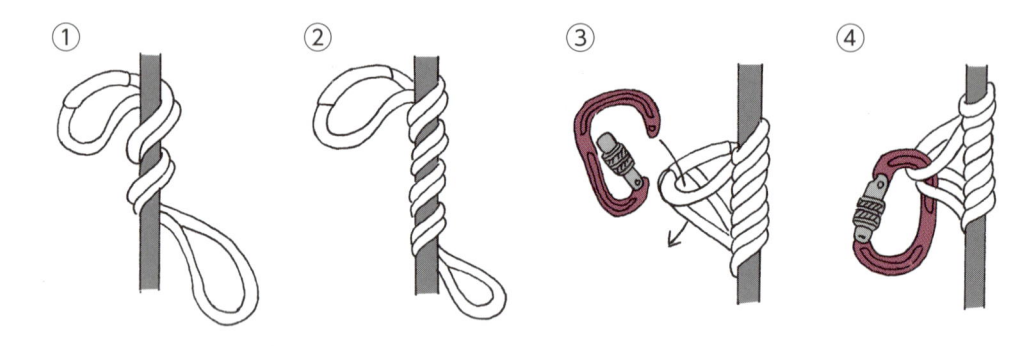

● クレムハイストヒッチ

① ②

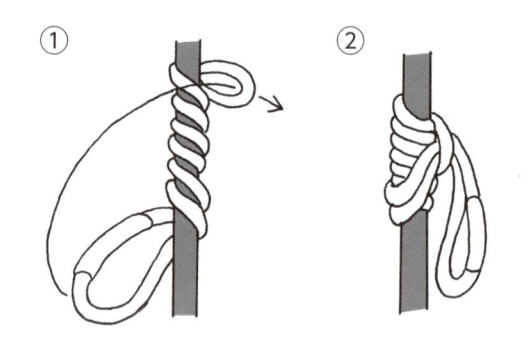

ロープを掴む各ヒッチの使い分け

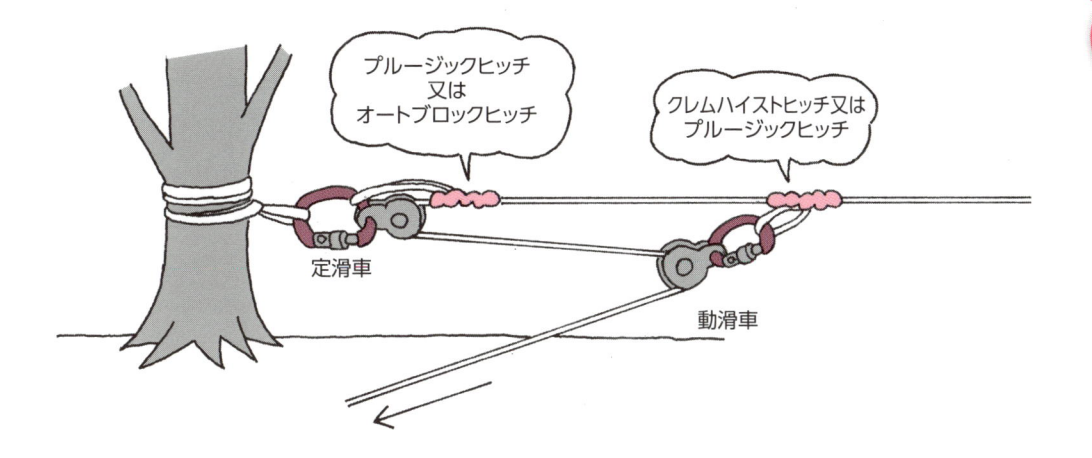

倍力システムでの引き上げでロープを掴む結び方にはプルージックヒッチとクレムハイスト
ヒッチがあり、これらの結びはスリングが地面などに接触しても緩むことがない。器具に
は「ロープグラブ」がある。ロープを引き上げた分、一時的に荷重を受け止める結びがオー
トブロックヒッチやプルージックヒッチであり、器具にはブロッキングプーリーがある。また、
「専用コード」もあり、これらの使用が望ましい。

2 ソウンスリングの結着

1 ガースヒッチ

直径5cm 以下の立ち木に結着するとき
立ち木の根元に 60cm 長のスリングを数回巻
き、締め付けた後にガースヒッチで固定し
カラビナを掛ける。

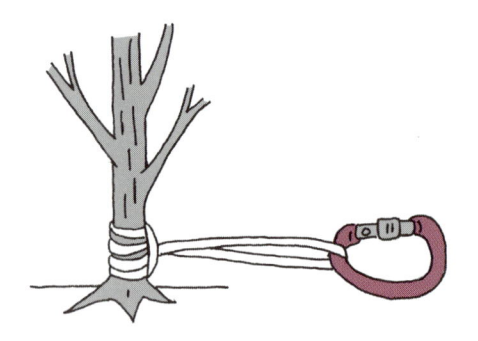

> **直径 5cm の立ち木で 4.9KN 以上の支持力がある**

直径 5cm 以下の立ち木では結着したスリングに張力がかかると、スリングがずり上がり、立ち木がたわみ支持力が低下する。これを防ぐために立ち木の根元にスリングを数回巻きガースヒッチで締め込む。

2 ラウンドターン

直径10cm 前後の立ち木に結着するとき
立ち木の根元に近い位置に 120cm 長のスリングを2回巻き、スリングの両末端にカラビナを掛ける。

> **直径 10cm の立ち木で 9.8KN 以上の支持力がある**

立ち木に掛けたスリングに張力がかかってもスリング幅×4本分が立ち木との間に大きな摩擦が生じ、スリングが上下にずれることなく地上高を一定の位置に保つことができる。

3 ツーバイト

直径20cm以上の立ち木に結着するとき立ち木に120cmのスリングを回しかけスリングの両末端にカラビナを掛ける。

張り込み救助では大きな張力がかかる240cmのスリングで「フォーバイト」をかけると支持力の強いアンカーとなる。

4 ラップ3プル2（W3P2）

直径30cm以上の大木へのアンカー取りで、直径10mmの10mロープで、ラップ3プル2を使ってアンカーとする。大木にロープを3回緩く回し掛けてダブルシートベンドで結着する（W3）。回し掛けた3本のロープのうち結び目のないロープ2本を掴み(P2)カラビナを2枚がけにし、メインロープに結着する。

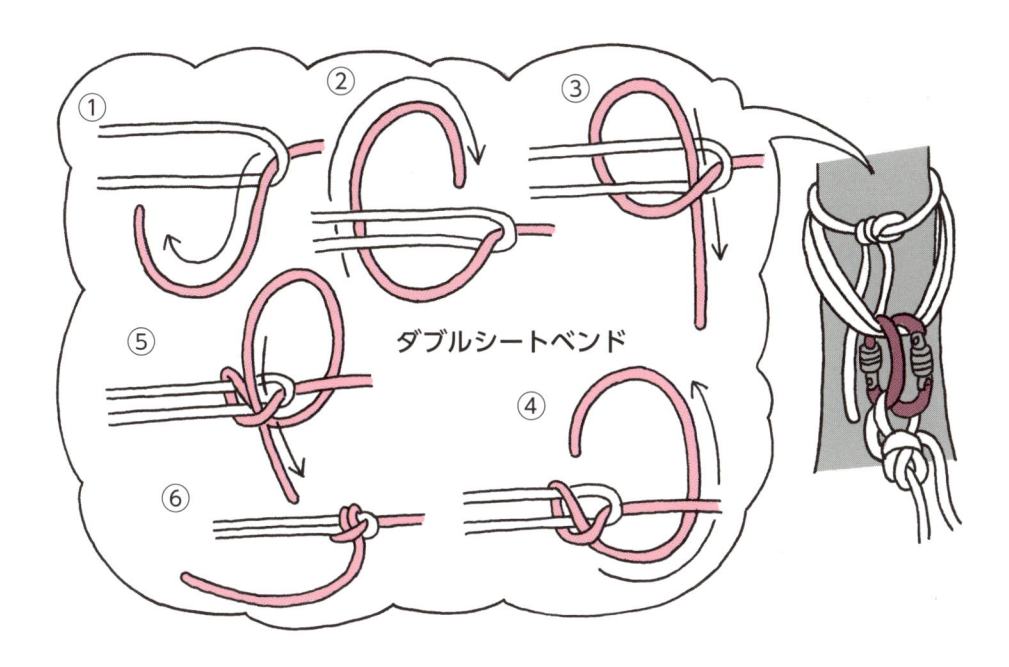

Point

立ち木の大きさに応じた支持力は根の生え方にある。根が地中深く伸びている立ち木は支持力が強く、「立ち木を揺すると足下の地面が振動する立ち木」は、根が地中浅く円盤状に生えていて、支持力が弱い。特に35度以上の急斜面上の立ち木は強く揺すり確認する。

19

大きな立ち木1本で掛かる張力を受け止めることができる

第 **2** 章
アンカーの構築・支点の取り方

一つの支点が脆弱でも複数の支点を固定分散で構築すれば強固な「アンカー」となる。大きな張力が掛かっても、決して崩壊してはならないのがアンカーである

1 デッドマン（土中または雪中に埋める支点）

1 地面に穴を掘り、土嚢袋を埋める

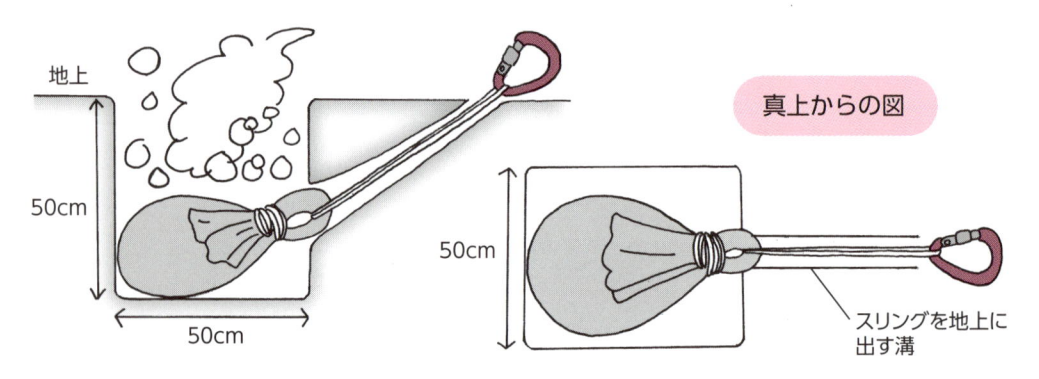

地上

50cm

50cm

真上からの図

50cm

スリングを地上に
出す溝

横からの図

土嚢袋の口の部分の結び方

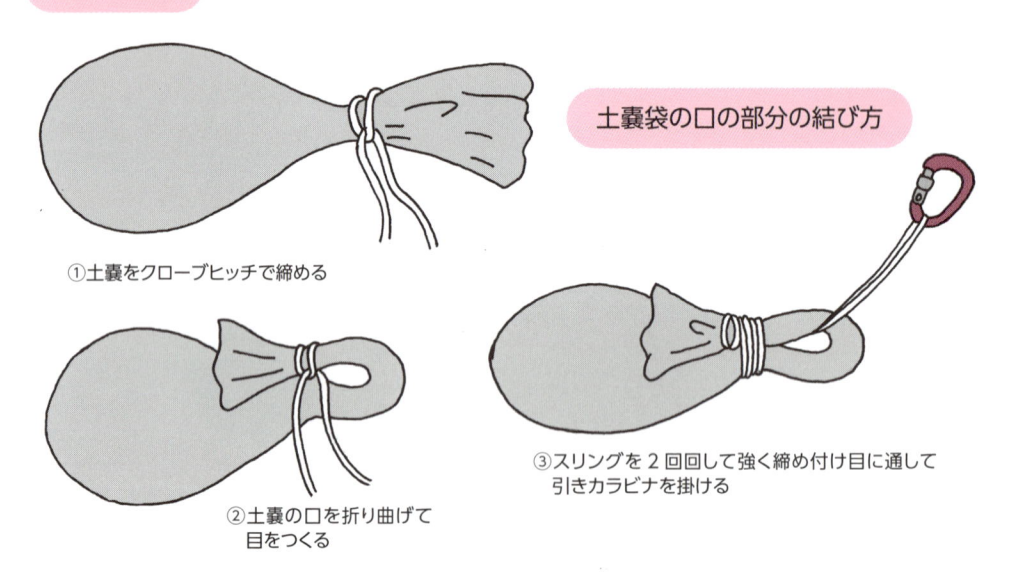

①土嚢をクローブヒッチで締める

②土嚢の口を折り曲げて
目をつくる

③スリングを 2 回回して強く締め付け目に通して
引きカラビナを掛ける

Point

新品の土嚢袋に 1/3 ほど土を詰める。口をスリングで結び、溝に沿って地上に出す。後は
土を少し入れては、踏みかためる作業を数回繰り返し、最後に完全に埋め戻し堅く踏み
固める。支持力は 4.9KN 以上となる。土嚢袋の代わりに径 5cm × 50cm の丸太を数本
束ね、埋めてアンカーにすると土嚢袋以上の支持力が得られる。ロープの介在する救助は
「支点取りに始まり、支点取りに終わる」といっても過言ではない。現場周辺に支点となる、
岩や立ち木がない場合に穴を掘り、土嚢袋や丸太を埋めて、支点、アンカーとする。

② 雪上の支点

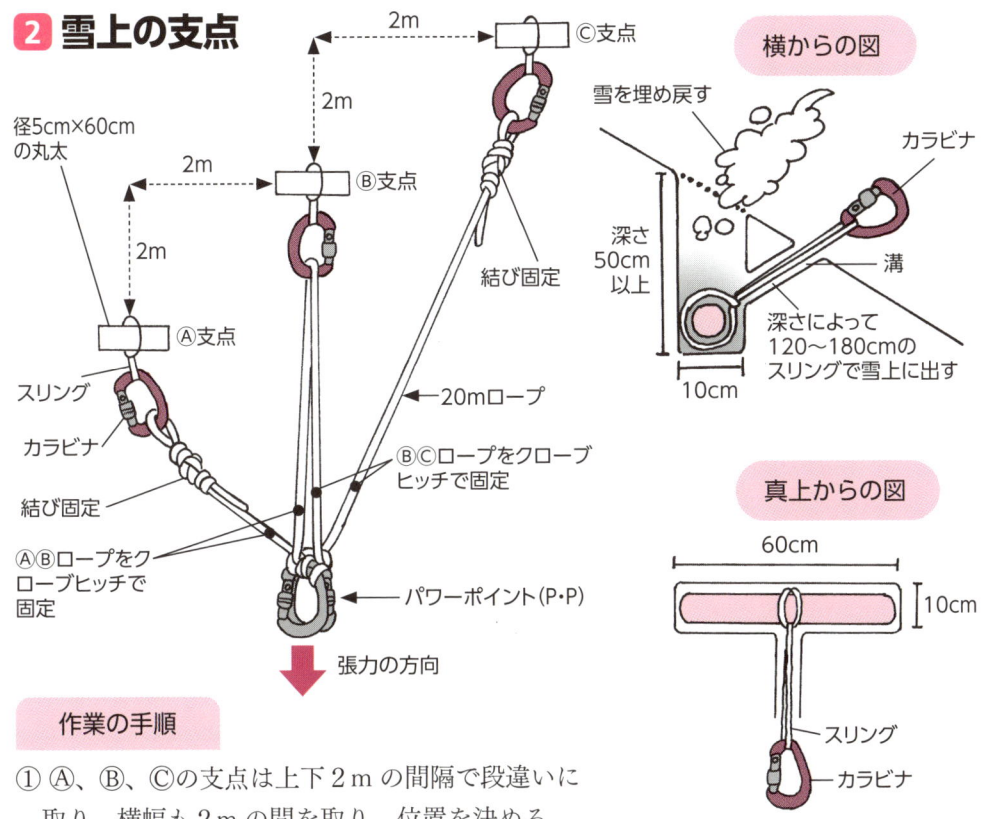

2m
Ⓒ支点
2m
ⒷⒸロープをクローブ
ヒッチで固定
結び固定
2m
Ⓑ支点
径5cm×60cm
の丸太
2m
Ⓐ支点
スリング
カラビナ
結び固定
20mロープ
ⒶⒷロープをク
ローブヒッチで
固定
パワーポイント(P・P)
張力の方向

横からの図
雪を埋め戻す
カラビナ
深さ
50cm
以上
溝
10cm
深さによって
120〜180cmの
スリングで雪上に出す

真上からの図
60cm
10cm
スリング
カラビナ

作業の手順

① Ⓐ、Ⓑ、Ⓒの支点は上下2mの間隔で段違いに
　取り、横幅も2mの間を取り、位置を決める

②支点にする丸太等の大きさに合わせて深さ50cm以上の穴を掘り、スリングを雪上
　に出す溝を作る

③支点にスリングを結び穴に沈めて、スリングを溝に沿って雪上に出し、その後雪を
　埋め戻して踏み固める

④20m長のロープの両端をそれぞれⒶ、Ⓒ支点に結び固定し、次にⒷ支点に掛ける

⑤各支点のロープをP・Pのカラビナに掛け、流動分散し、強く引きながら張力の掛か
　る方向を決める

⑥P・Pの位置でⒶ、Ⓑ、ロープ、Ⓑ、Ⓒのロープをそれぞれ結び、固定分散とする

Point

雪中の支点に張力が掛かると雪面に水平クラックが走ることがあるが、この支点の構築方
法で防ぐことができる。各支点の強度は、雪の「密度」に左右されるので、埋める場所を
あらかじめ2平方メートル（㎡）ほどしっかり踏み固めた後に支点の大きさに合わせた穴
を掘る。深さは50cm以上とする。穴を埋め戻す方法は、少し雪を入れては踏み固める。
これを数回繰り返し、最後は完全に埋め戻し堅く踏み固めることが肝要である。なお、
事前演習で支点の支持力をテストし、チームの共通認識とする。強度テストをするにはパ
ワーポイント（P・P）にロープを結び引く。1人の引く力を平均490Nとし、10人で引き、
支点が崩壊しなければ支点は4.9KN以上の支持力があると想定できる。

2 雪面上の径 5cm 以下の立ち木への結着

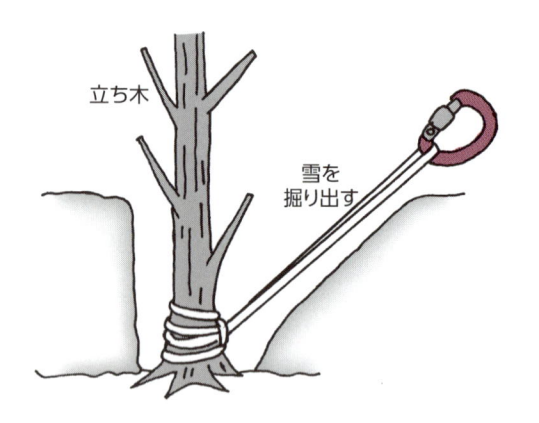

立ち木

雪を
掘り出す

Point

可能な限り立ち木の根元まで雪を掘り出して 180 ～ 240cm のスリングを立ち木の根元に数回巻きつけてガースヒッチで結ぶ。決して雪面上にでている位置に支点取りしてはいけない。張力が掛かると簡単に立ち木はたわみ折れてしまい、支点が崩壊する。

3 ブッシュ取り支点

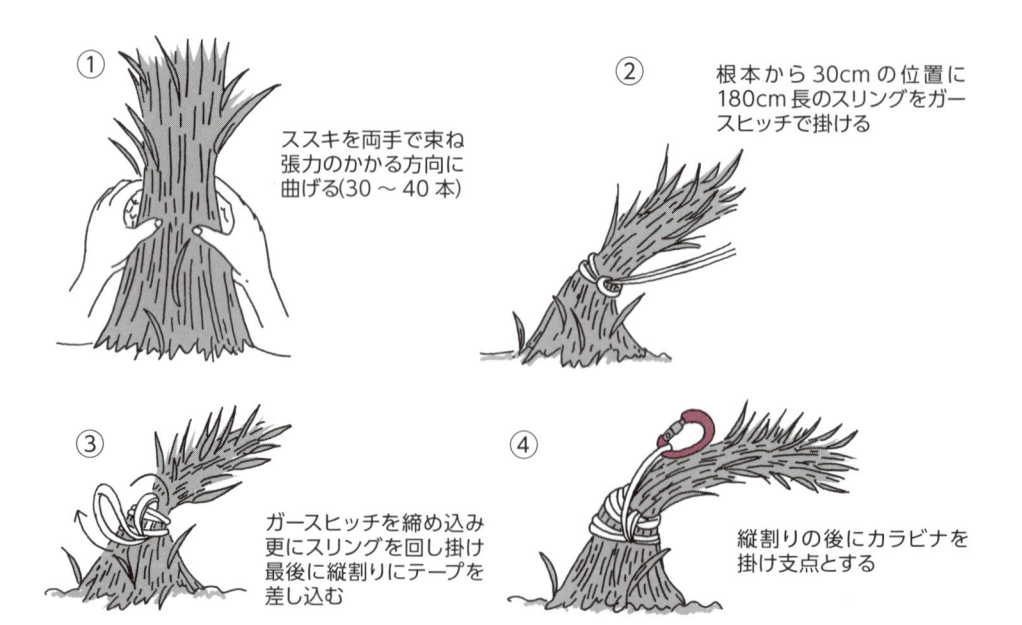

① ススキを両手で束ね張力のかかる方向に曲げる(30 ～ 40 本)

② 根本から 30cm の位置に 180cm 長のスリングをガースヒッチで掛ける

③ ガースヒッチを締め込み更にスリングを回し掛け最後に縦割りにテープを差し込む

④ 縦割りの後にカラビナを掛け支点とする

Point

径の小さな強度の弱い「雑木」や「竹」、繊維がある「ススキ」などを束ねて支点とする。ススキの支点を 3 箇所構築し、固定分散しアンカーとすると、3 KN以上の支持力がある。また、雑木や竹などでは、5KN 以上の支持力がある。

4 立ち木への支点の取り方

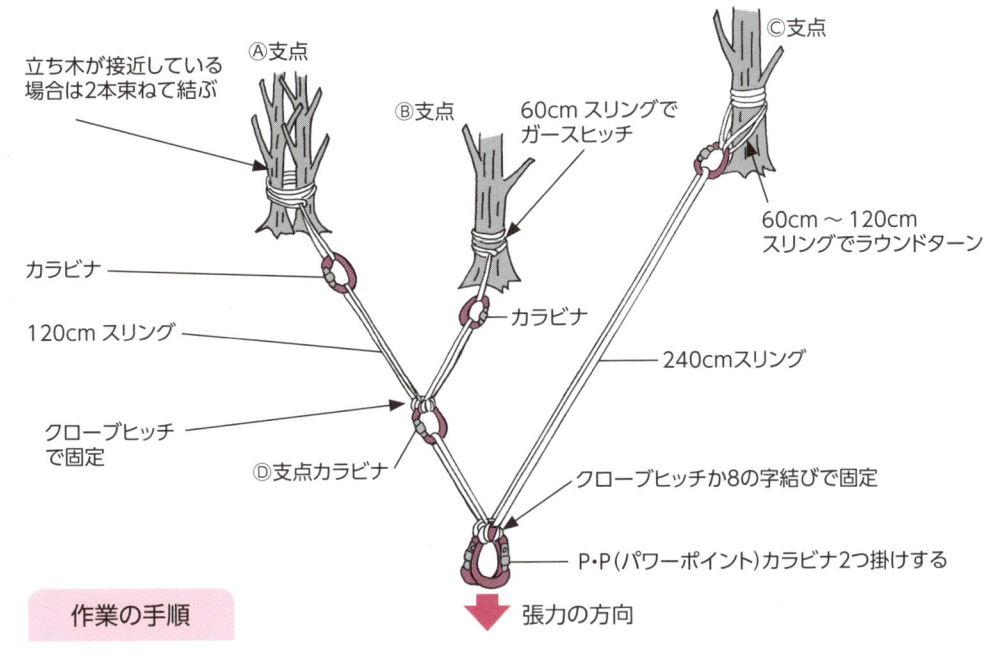

立ち木が接近している場合は2本束ねて結ぶ

Ⓐ支点

Ⓑ支点

Ⓒ支点

60cm スリングでガースヒッチ

60cm 〜 120cm スリングでラウンドターン

カラビナ

120cm スリング

カラビナ

240cmスリング

クローブヒッチで固定

Ⓓ支点カラビナ

クローブヒッチか8の字結びで固定

P・P(パワーポイント)カラビナ2つ掛けする

張力の方向

作業の手順

①支点Ⓐ、Ⓑの立ち木の根元にそれぞれ 60cm 〜 120cm 長のスリングを数回巻き付けガースヒッチし、カラビナを掛ける

②支点Ⓒの立ち木に 120cm 長のスリングをラウンドターンし、カラビナを掛ける

③支点Ⓐ、Ⓑに 120cm 長のスリングを掛け、流動分散し、Ⓓ支点とする。支点Ⓒ、Ⓓを 240cm 長のスリングで流動分散し、パワーポイント(P・P)カラビナを張力の方向に引き、最終的に P・P の位置を定める

④支点Ⓐ、Ⓑ間のスリングがずれないようにして、クローブヒッチで固定分散し、Ⓓ支点とする

⑤最後に支点Ⓒ、Ⓓ間のスリングを P・P の位置でクローブヒッチで固定すると「固定分散」のアンカーとなる

Point

救助の方法によりアンカーに掛かるであろう張力は総じて 3 〜 5KN である。大切なのは、今まさに進行する救助ではどのような張力が掛かるか、それに対して必要な支持力を持つアンカーを素早く構築するか、を瞬時に見極めることである。ロープを使用しての現場では付きまとう事だが、「安全率」をどれだけ見積もるかは、現場の判断に委ねられる。

5 流動分散

流動分散は張力の掛かるパワーポイント（P・P）の方向を自在に変えることができる。最大の欠点はどちらかの支点が崩壊した場合、P・Pの位置が下方にずれることで残った支点に大きな張力が掛かる。水平に2箇所の支点Ⓐ・Ⓑを構築し、120cm長のダイニーマスリングで、流動分散した場合、片方の支点が崩壊すると落下率（H/L）は0.5となる。P・Pに掛ける重量（W）を80kg、ダイニーマスリングの張力計数（K）32072kg。スリングの開き角度（θ）による増幅率は少ないため無視すると張力は16.5KNとなる。ナイロンソウンスリングにすると k=7483kg、F=858kgf（8.4KN）。

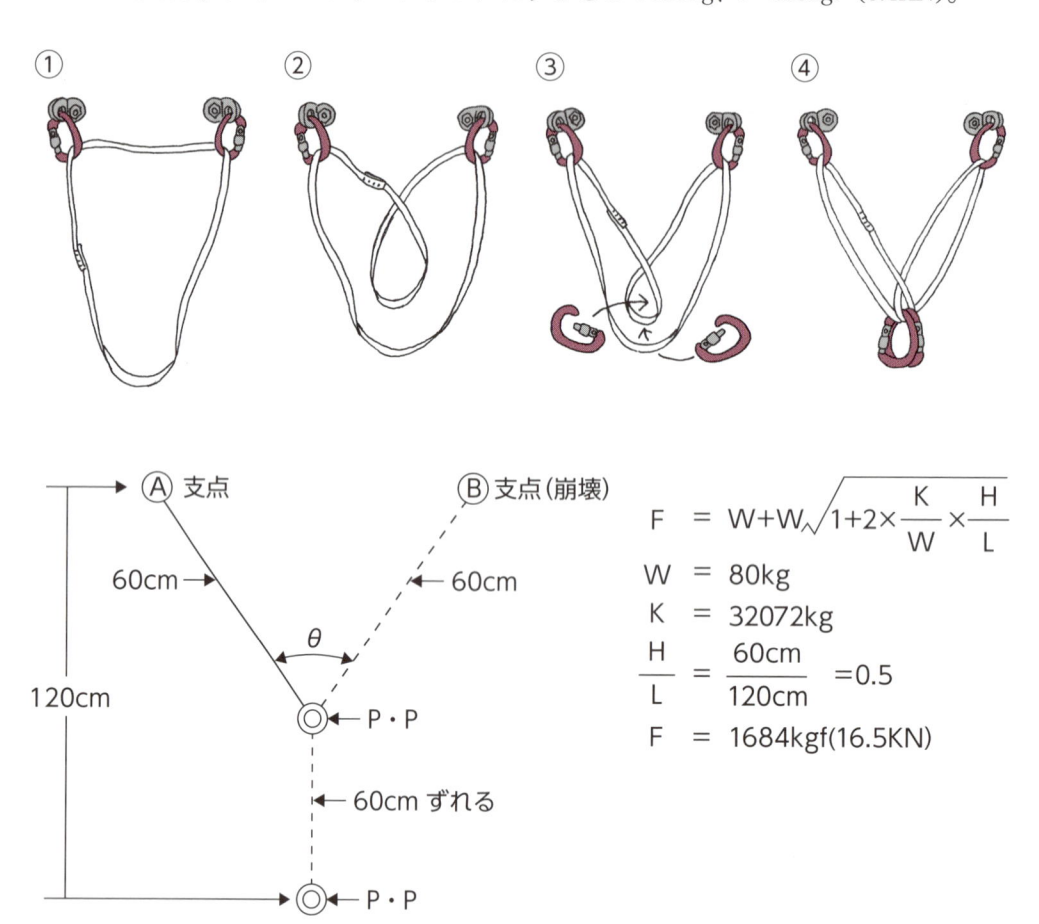

$$F = W + W\sqrt{1 + 2 \times \frac{K}{W} \times \frac{H}{L}}$$

$$W = 80\text{kg}$$

$$K = 32072\text{kg}$$

$$\frac{H}{L} = \frac{60\text{cm}}{120\text{cm}} = 0.5$$

$$F = 1684\text{kgf}(16.5\text{KN})$$

6 固定分散

固定分散の特徴は、2箇所の支点のどちらかが崩壊してもパワーポイント（P・P）の位置はずれることがなく、残りの支点に掛かる張力を最小限に抑えることができる。水平に2箇所の支点に120cm長のダイニーマスリングを掛け、固定分散で構築した場合、片方の支点が崩壊しても落下率（H/L）は0で重量（W）を80kmにすると残りの支点には張力2Wに相当する160kgf（1.57KN）になる、したがってアンカーの構築は固定分散が望ましい。

① ② ③

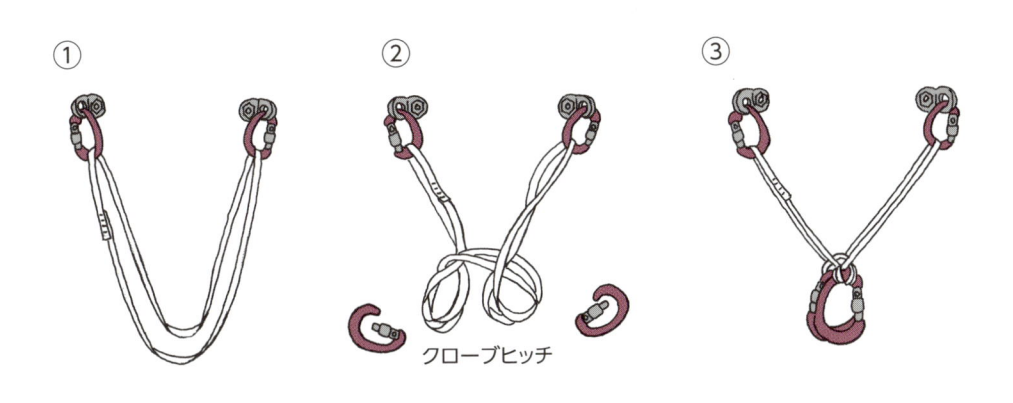

クローブヒッチ

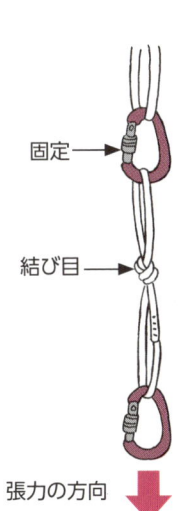

固定

結び目

張力の方向

Point

流動・固定分散で複数の支点にスリングを掛けてアンカーを構築する場合、スリングの長さ調節のために結ぶことは避ける。ロープはもとよりスリングも結び目を作ると本来の「静的破断強度」が50％以下に低下するが、固定分散のために（P27のイラスト③を参照）パワーポイントの箇所で結び目を作った場合、強度低下はスリング強度の10％前後の低下で収まる。

これまでダイニーマスリングに限定し張力を算出してきたが、救助用資機材としてのスリングはダイニーマスリングよりK値の小さい「ナイロン・ソウンスリング」の使用が望ましい。ダイニーマスリングに結び目を作り（左図イラスト参照）張力が掛かると、5〜8KNで結び目は破断する。スリング同士を連結する場合は、結ばずに必ずカラビナを介することで本来のスリングの強度は保たれる。

ロープを強く張り込んで手摺りにする

背負搬送

ヘリコプターでの救助が不可能な場合に有効であり、現場到着から救助完了までスピードが上がる方法であり、山岳救助の基本が背負救助である

背負の用具

❶ 40 リットル前後のザック

❷ 60cm 前後の丸太（ストックなど）

❸ 丸太に巻き付ける緩衝材（マットなど）

❹ 60cm と 120cm 長のテープスリング各 1 本

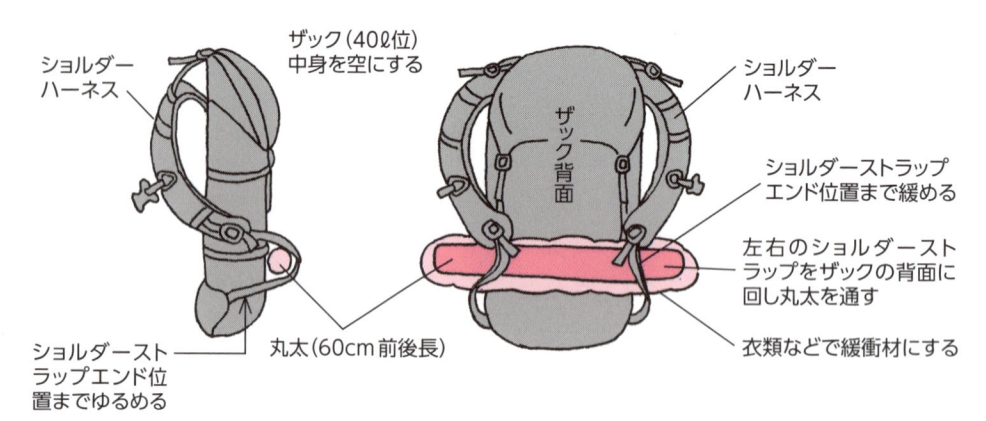

ショルダー
ハーネス

ザック（40ℓ位）
中身を空にする

ショルダー
ハーネス

ザック背面

ショルダーストラップ
エンド位置まで緩める

左右のショルダースト
ラップをザックの背面に
回し丸太を通す

衣類などで緩衝材にする

ショルダースト
ラップエンド位
置までゆるめる

丸太（60cm 前後長）

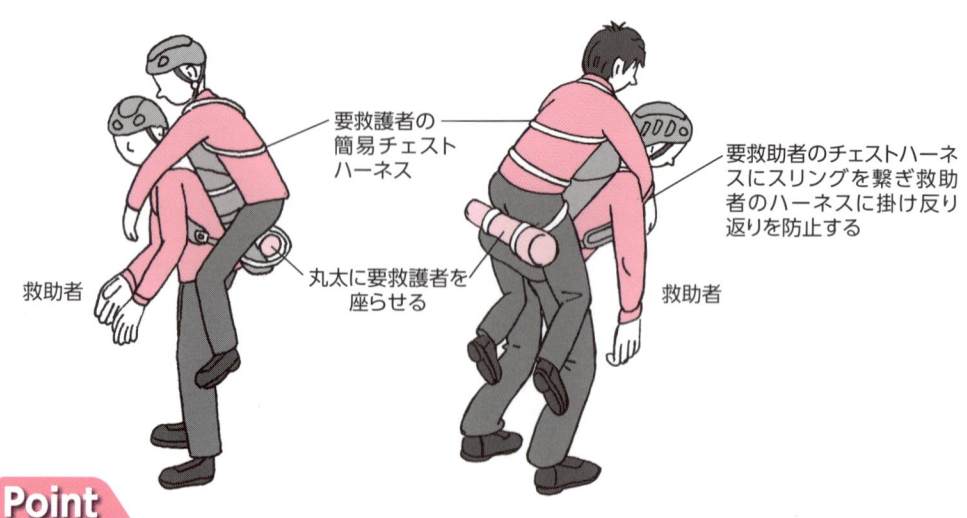

要救護者の
簡易チェスト
ハーネス

要救助者のチェストハーネ
スにスリングを繋ぎ救助
者のハーネスに掛け反り
返りを防止する

救助者

丸太に要救護者を
座らせる

救助者

Point

山岳救助の大半がヘリコプターによる救助であるが、諸般の事情で飛べない事がある。そんなとき背負搬送や担架搬送は欠く事のできない必須の救助方法である。要救助者の状況により背負う事が可能なら背負搬送は現場から救助までスピードが上がる。背負救助のポイントは救助者を後方からショートロービングで支えることにある。急斜面や岩場の通過時は立ち木をアンカーとしてロングロービングで救助者、要救助者を安全に確保する。ちなみに専用の「背負道具」が市販されている。

2 ショートロービング

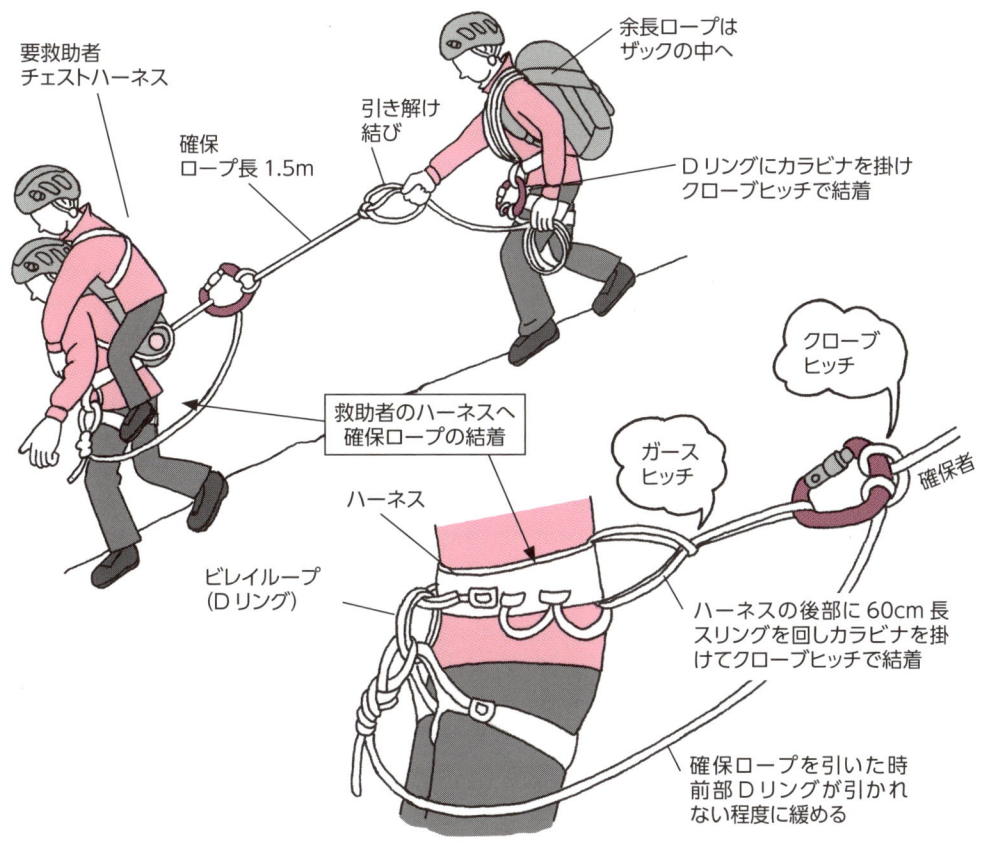

要救助者
チェストハーネス

確保
ロープ長 1.5m

引き解け
結び

余長ロープは
ザックの中へ

Dリングにカラビナを掛け
クローブヒッチで結着

救助者のハーネスへ
確保ロープの結着

クローブ
ヒッチ

ガース
ヒッチ

確保者

ハーネス

ビレイループ
（Dリング）

ハーネスの後部に60cm長
スリングを回しカラビナを掛
けてクローブヒッチで結着

確保ロープを引いた時
前部Dリングが引かれ
ない程度に緩める

引き解け結び

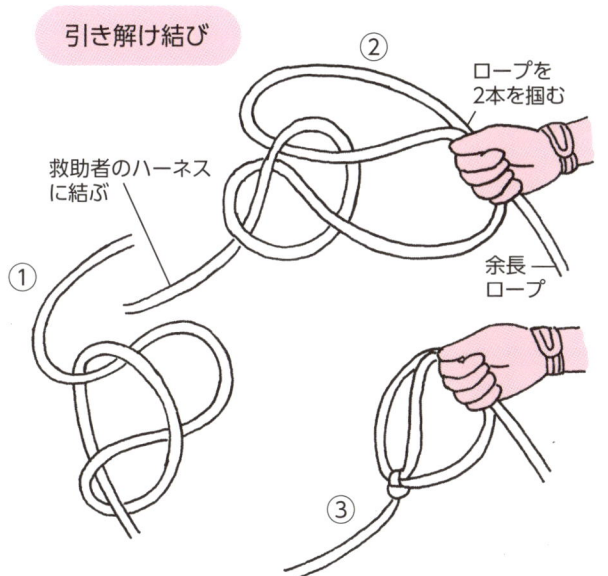

救助者のハーネス
に結ぶ

①

②

ロープを
2本を掴む

余長
ロープ

③

Point

要救助者と確保者間のロープ長
（1.5m 以内）は短いほどよい。
逆にロープ長が 1.5m 以上長く
なると救助者に強く引かれたと
き，ロープが長い分だけロープ
が伸び、確保者に張力が掛か
り続け確保に失敗する。また、
ロープには断続的に 1.57KN の
張力が掛かる。ショートロービ
ングは繰り返し演習することが
肝要である。

3 ロングローピング

立ち木の確保

確保者

救助者は
斜面に正体

ロープを両手で掴み
送り手で確保

立ち木にロープをダ
ブルで回し掛ける

← 要救助者へ

Point

ショートローピングに対して、ロングローピングの場合、背負搬送中に急傾斜帯での確保は立ち木にロープをダブルで回し掛け、その片方をハーネスのDリングにカラビナで掛け、「リターン」させる。ロープのもう片方は両手で掴み手送り確保体制に入る。要救助者を背負った救助者はハーネスの後部の確保用ロープのクローブヒッチを解除してもらい、斜面に正対し下り始める。

4 立ち木のアンカーで ムンターヒッチによる確保

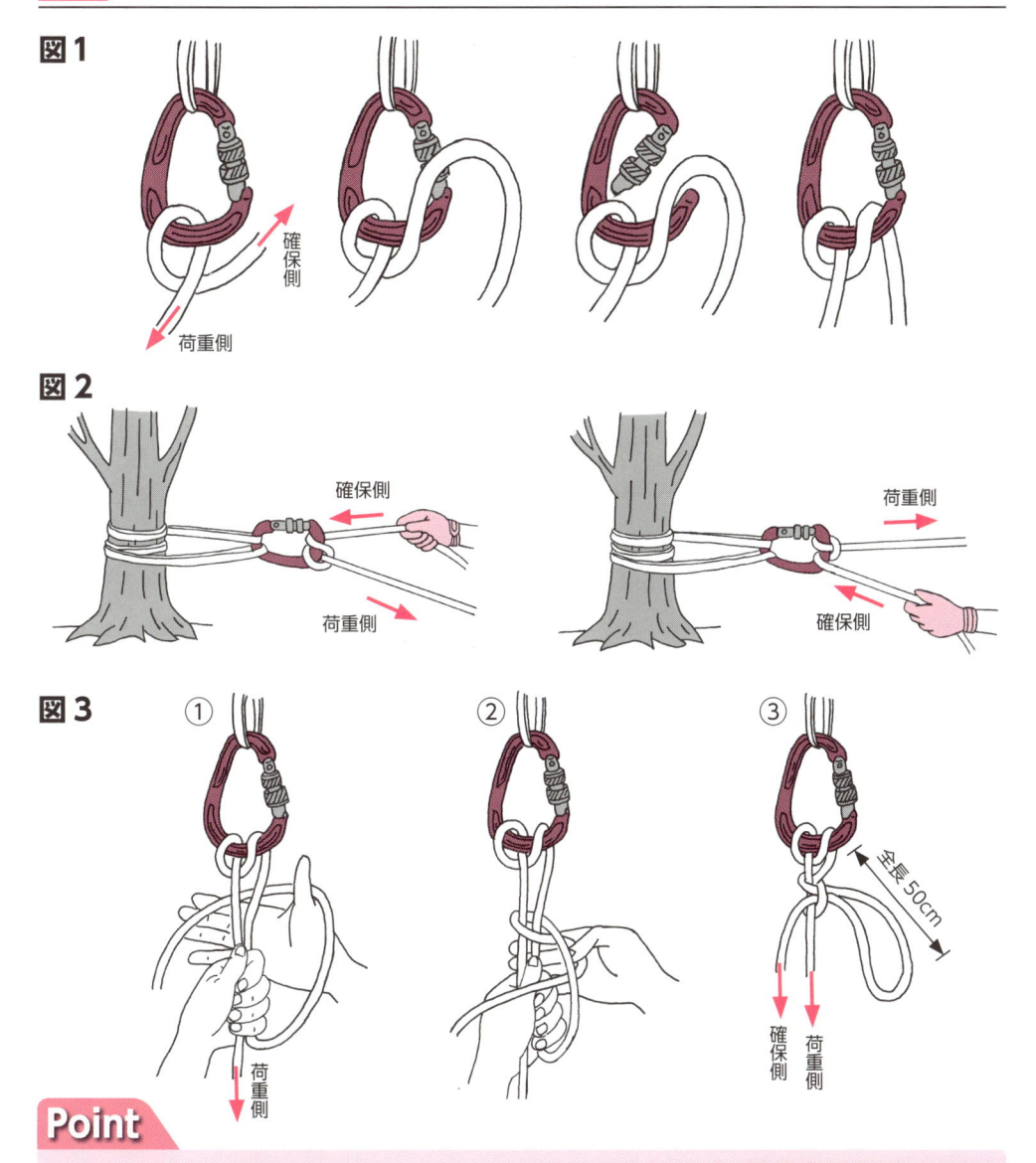

図1 確保側 荷重側

図2 確保側 荷重側 荷重側 確保側

図3 ① 荷重側 ② ③ 全長50cm 確保側 荷重側

Point

ムンターヒッチを掛ける基本は、カラビナのスパイン側にロープの荷重側を位置させる（上図1を参照）。ムンターヒッチに掛かった荷重側の張力を一時的に仮固定（ミュールノット）する方法は片手で荷重側と確保側のロープを握り締めて（図3①参照）、もう片方の手で（図3②参照）ミュールノットし図3③のロープを余長50cmとする。その後に荷重側、確保側2本のロープを束ねてオーバーハンドノットで本固定する。解除は本固定を解除し片方の手で荷重側と確保側のロープを強く握り、もう片方の手で確保側のロープを引き、仮固定を解き両手で確保に戻す。

第3章 背負搬送

33

5 立ち木にロープを回しての手送り確保

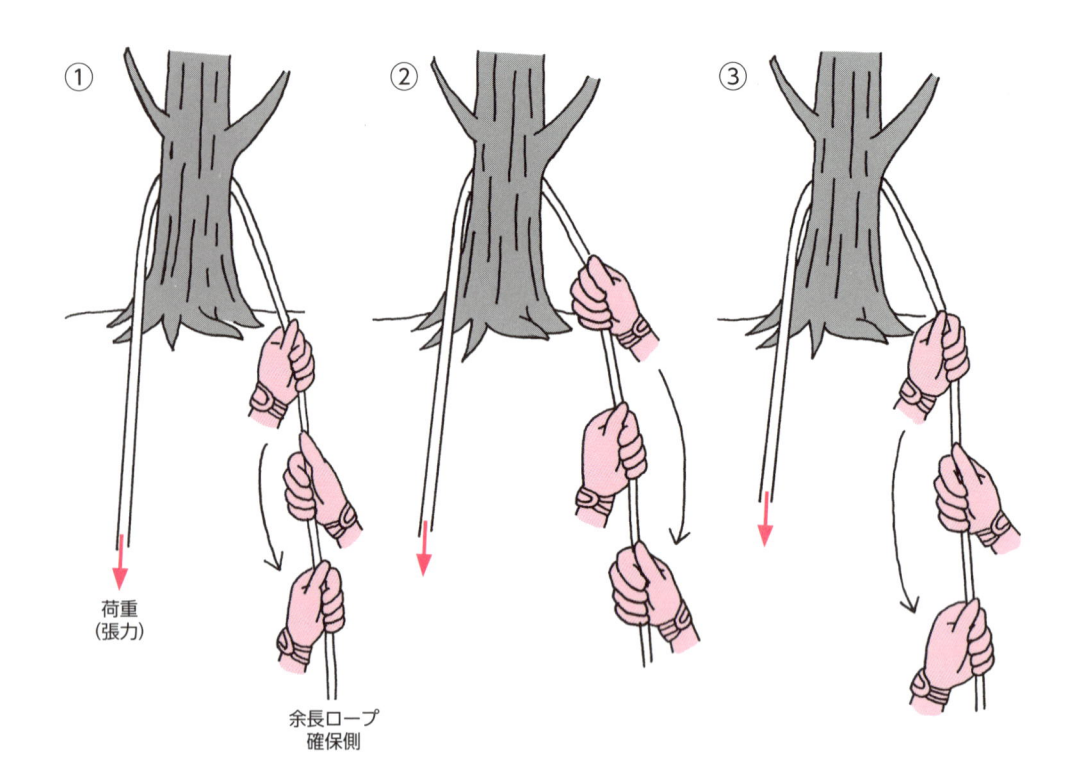

① 荷重
（張力）

② 余長ロープ
確保側

(1) 立ち木に回し掛けたロープを両手で掴み送り出す。

(2) 左手が立ち木に近づくと，右手の後に掴み直す。

(3) 右手が立ち木に近づくと，左手の後に掴み直すこの手順を繰り返し、ロープを手送り確保する。

Point

ロープを両手で握り、滑らす確保だと大きな張力が掛かったとき、手の中をロープが走り出す。止めようと両手を強く握り締めても，グリップ・ビレイでは止めることができない。また、立ち木とロープの摩擦でロープが融解する。これを防ぐためには「ロープの手送り」確保が絶対である。ロープを回し掛ける立ち木の径は 20cm 以上が望ましい。

第4章

担架搬送

要救助者の受傷具合では担架搬送が絶対的な場合の救助方法である。複数の救助者による搬送、索道に吊るしての搬送、またヘリコプターによるホイスト救助も可能となる。この章の項1、2では確保の理論を根拠に解説する

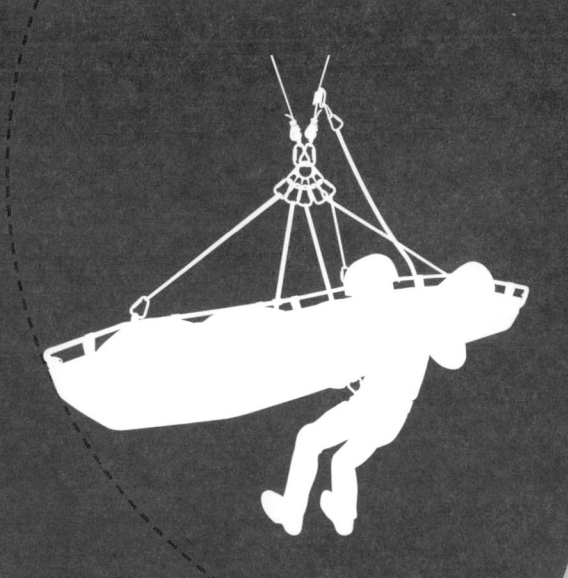

1 要救助者への接触

要救助者への進入路が草付の急斜面や岩場ではクライミングシステムを構築して進入（登高）していく。

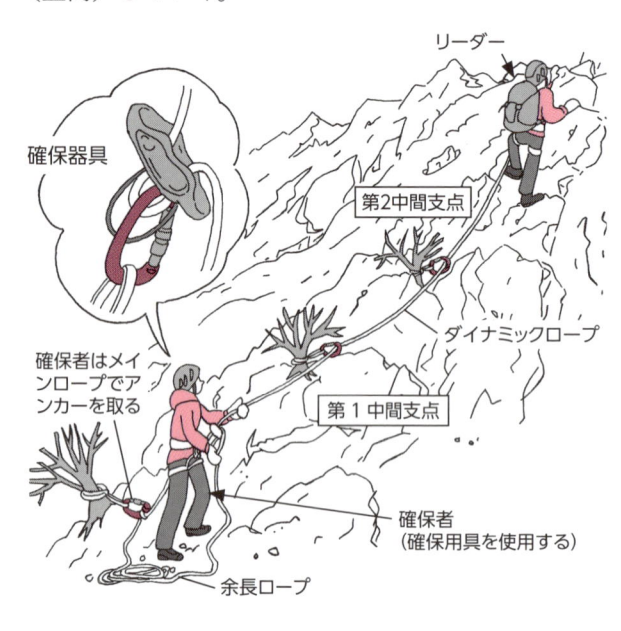

クライミングシステム

①リーダーと確保者はダイナミックロープを結着する
②確保者はダイナミックロープを直に立ち木に結着しアンカーとする
③リーダーは適宜中間支点を構築し、登高する
④①～③はクライミングシステムの基本である
⑤リーダーの落下による衝撃力の大きさは落下係数の平方根にほぼ比例し、ロープの伸びも同様である。ロープに掛かる張力は、次の公式による

$$F = W + W\sqrt{1 + 2 \times \frac{K}{W} \times \frac{H}{L}}$$

F＝最大張力（kgf）
K＝ロープの張力係数（kg）
H＝落下距離（m）
L＝確保者からリーダーまでのロープ長（m）
W＝落下者の体重（kg）
H／L＝落下係数

ロープの張力係数を出す式は

$$K = \frac{FL}{E}$$

K＝ロープの張力の係数（kg）
F＝ロープに掛かる最大張力（kgf）
L＝ロープの長さ（m）
E＝ロープの最大伸び率（m）
※Kはロープが伸びやすいほど小さな数値となる

Point

上記の公式はダイナミックロープをアンカーに固定（静的確保）し、リーダーは「空中」を落下する前提による。実際の現場ではリーダーの落下を急斜面を滑り落ちると想定すると摩擦や斜度により発生する張力は、リーダーの体重（W）が80kgで2.9KN以上となる。しかし、落下（滑落）の途中で岩や立ち木に激突する可能性があり、空中落下よりも大きなダメージを受ける。これを防ぐためには、リーダーは中間支点を忠実に構築し、ダイナミックロープを掛けながら進入（登高）することで、安全性を高めることが肝要である。

2 固定ロープの構築

急斜面で足場の不確実な救助現場で多人数の救助隊員を早く安全に要救助者の場所まで送り込む方法で、ときには救助ラインとしても活用する。救助ラインとしての固定ロープは各支点間を倍力システム3対1で張り込み「手摺り」とする。

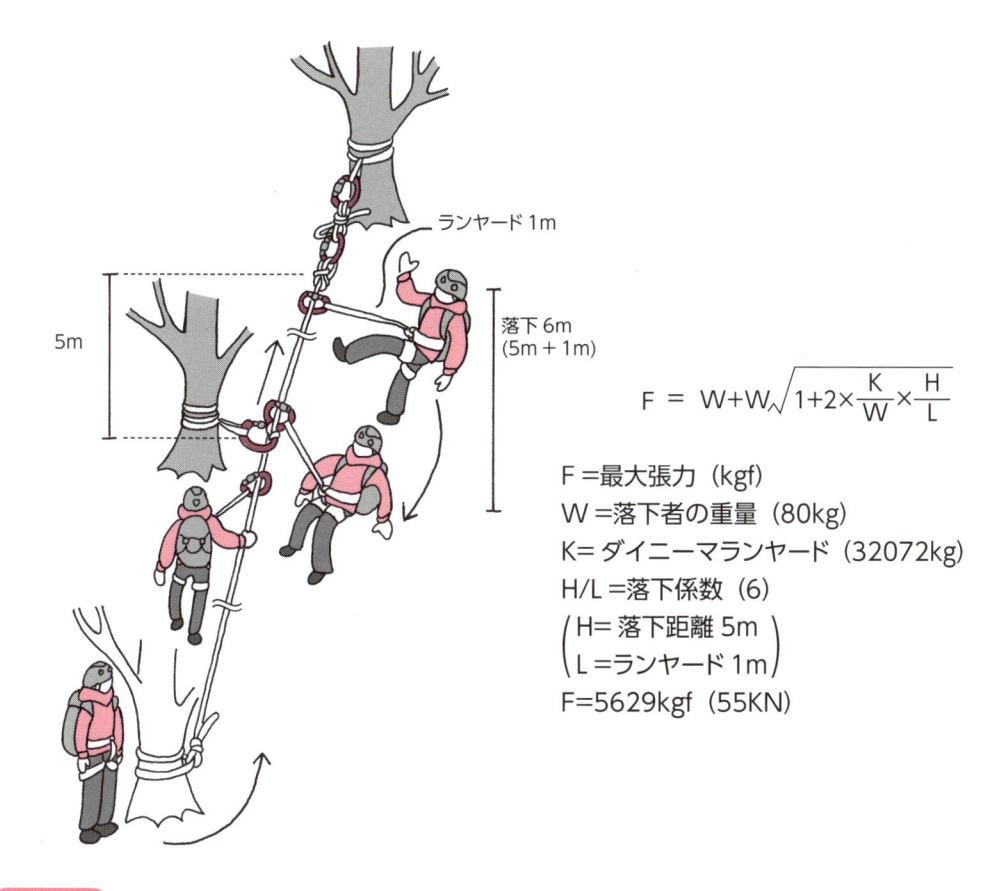

ランヤード1m

落下6m
(5m+1m)

5m

$$F = W + W \sqrt{1 + 2 \times \frac{K}{W} \times \frac{H}{L}}$$

F ＝最大張力（kgf）
W ＝落下者の重量（80kg）
K＝ ダイニーマランヤード（32072kg）
H/L ＝落下係数（6）
$\left(\begin{array}{l} H= \text{落下距離 5m} \\ L = \text{ランヤード 1m} \end{array} \right)$
F＝5629kgf（55KN）

Point

リーダーはダイナミックロープを結着し、もう1本固定用ロープを引きながら、クライミングシステムで登高する。2番目の隊員はリーダーの確保を受けながら下端から適宜ロープを固定していく。3番目以下の隊員は固定ロープにランヤードで自己確保し登高する。
上図のように、支点間を5m登高し、「空中落下」すると、そのときの最大張力（F）は55KNとなる。人体が耐えられる衝撃はせいぜい「12KN」といわれている。55KNの衝撃は重大である。また、カラビナやスリングは破断する。ランヤードを「ナイロンランヤード・アイ＆アイ」にするとK＝1491kgまでF＝1279kgf（12.5KN）となるが、いずれにしても人体の体力12KNを超えてしまう。これを防ぐには「登高器具」で自己確保し登高する。

3 急斜面の張り出し救助

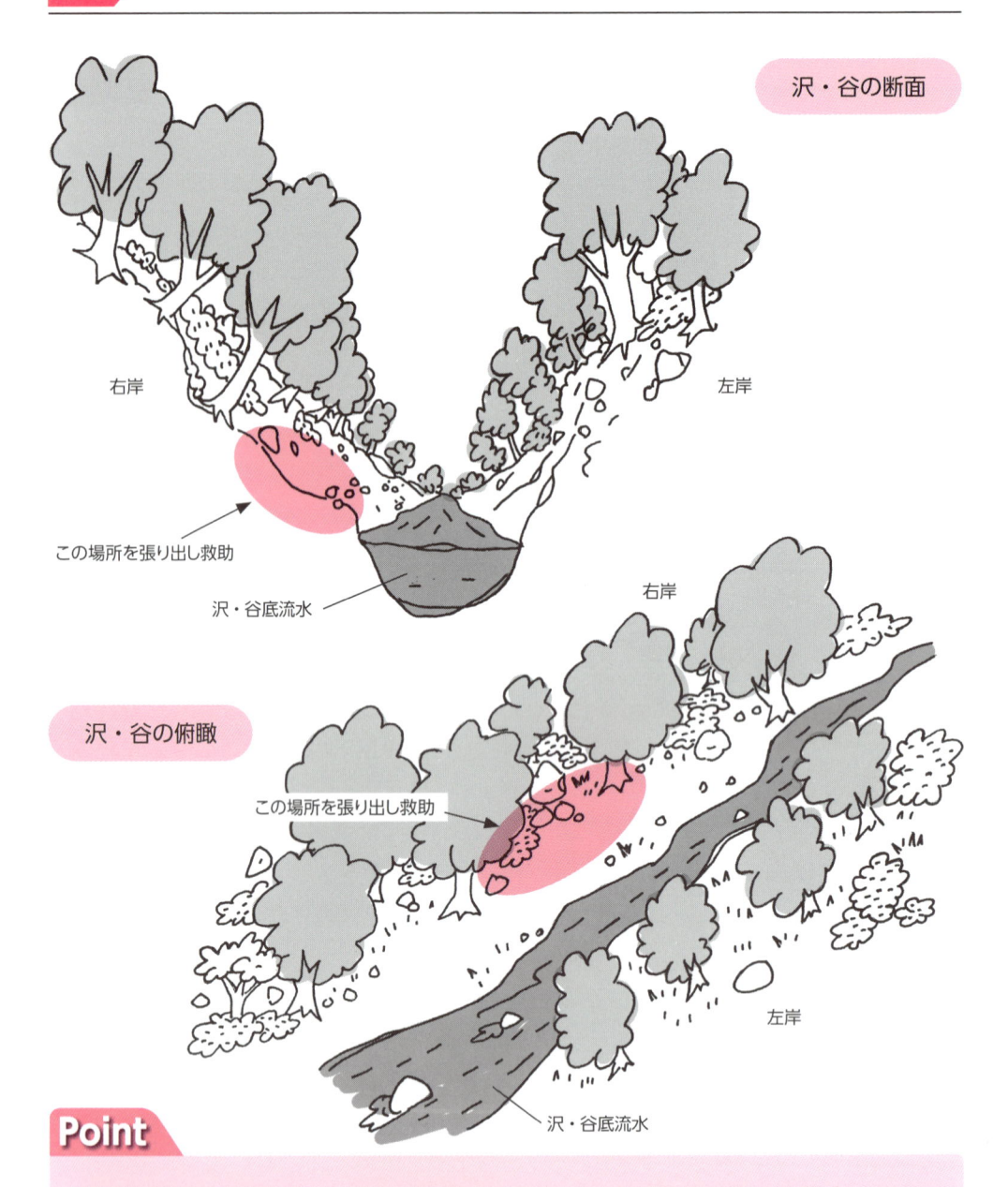

沢・谷の断面

右岸

左岸

この場所を張り出し救助

沢・谷底流水

沢・谷の俯瞰

右岸

この場所を張り出し救助

左岸

沢・谷底流水

Point

作業の手順は現場の状況、救助隊員の人数で変わるが、全隊員が同時進行で、個々に自己確保しながら作業にあたる。足場が悪く急斜面においては、ロープを地上高 2m くらいの位置に張り込みし、手すりとする「張り出し救助」はストレッチャー搬送、背負搬送に最も有効な手段である。張り込みロープは 2 本張りを基本とする。インシデント・コマンダーは、隊員の行動に注視しつつ斜面上部からの落石等にも目配りする。

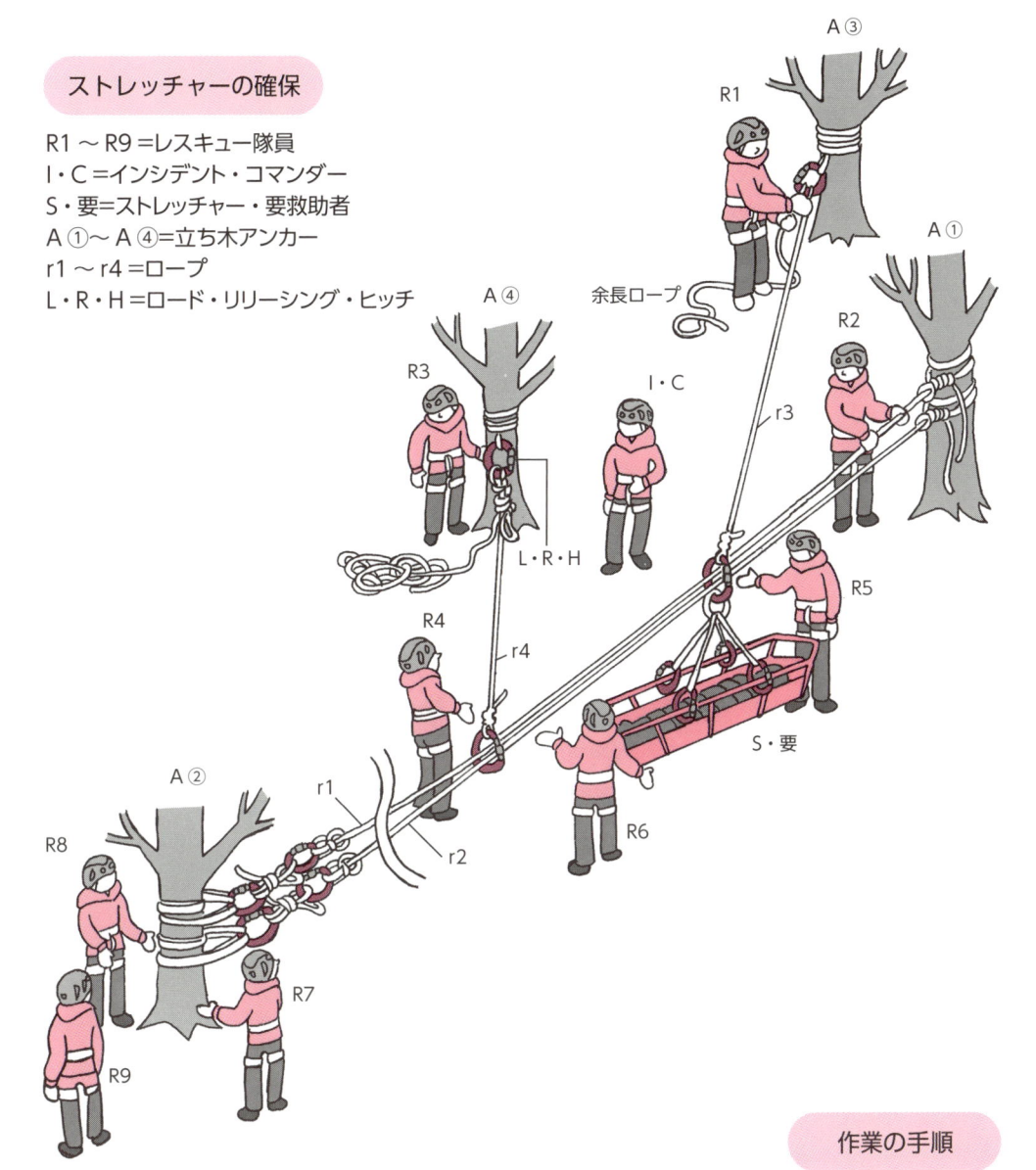

ストレッチャーの確保

R1 ～ R9 ＝レスキュー隊員
I・C ＝インシデント・コマンダー
S・要＝ストレッチャー・要救助者
A ①～ A ④＝立ち木アンカー
r1 ～ r4 ＝ロープ
L・R・H ＝ロード・リリーシング・ヒッチ

作業の手順

① R2 は A ①を構築し、張り込み用ロープ r 1、r 2をそれぞれ結着

② R7 は r 1、r 2ロープを引いて下降する。R8、R9 は A ②を構築し、r 1、r 2ロープそれぞれに倍力システム(3対1)で張り込みの準備をする

③ R1 は A ③を構築し、r 3ロープを S に結着し、確保体制を取る

④ R5、R6 で r 1、r 2 ロープに S を掛ける

⑤ R3 は A ④を構築し、r 4 ロープを r1、r 2 ロープに掛け、L・R・H（ムンターヒッチ＋仮固定）の準備をする

⑥ R7、R8、R9 は r 1、r 2 ロープを交互に張り込む。合わせて R3 は L・R・H 用ロープを張る

⑦ R5、R6 はランヤードで S に繋がり、R1 の確保を受け、S を誘導しながら搬送する

⑧ S が L・R・H の位置に来ると、R3 は L・R・H を緩める。R4 は r1、r 2 ロープに掛けたカラビナを掛け替えし、S を通過させその後 R3、R4 で再度張り込みする

斜度が30度以上の急斜面ではアンカーを2箇所
で構築し、ロープでV字確保で搬送する

搬送1P

搬送2P

R1 ～ R9 ＝レスキュー隊員
I・C ＝インシデント・コマンダー
S・要＝ストレッチャー・要救助者
A ①～ A ④＝立ち木アンカー
r 1 ～ r 4 ＝ロープ

作業の手順

① 搬送 1P 目では R1、R2 はそれぞれ立ち木 A ①、A ②を構築し、確保体制に入る

② R3、R4 は、r1、r2 ロープを S に結着する。R5、R6 は S にランヤードを掛ける。R3、R4 は状況に応じて、S にランヤードで繋がる。R7 は搬送ルート確保のため先行する

③ R1 と R2 は、呼応しながらロープを手送り（32 ページ参照）で出し、S・要と R3 ～ R6 を確保する

④ I・C は R の動きなど搬送現場の全体を注視し上部からの落下物（雪崩、落石等）などにも監視する

⑤ R8、R9 は、2P 目に備えて先行し、A ③、A ④を構築し、ロープ r3、r4 で確保の準備する

⑥ r1、r2 ロープが余長 5m 位残し一杯になると R1 と R2 はロープを固定する

⑦ 搬送 2P 目では、R3、R4 は S に r3、r4 ロープを結着し、r1、r2 ロープを解除する

⑧ R1、R2 は A ①、A ②に固定したロープ r1、r2 を解除して 3P 目に先行し、確保の準備をする。R の人数が少ない場合は R 一人が複数の作業を熟すことになる

注：斜面にアンカーとする立ち木がない場合、デッドマンを構築する（21 ページ参照）

Point

急斜面でもストレッチャーが滑らない場合がある。雪の粒子は「圧密」と「焼結」の2つの作用が関与し、「結合」する。このような雪面ではよく滑る、雪の粒子の結合が弱い雪面ではストレッチャーが雪に潜り抵抗となり、滑らない。降雪直後の雪面でも同様に滑らない。

ストレッチャーを使用した雪上の搬送

第5章

引き上げ救助

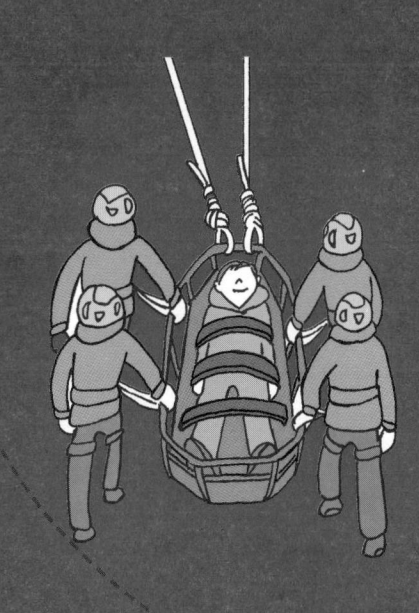

谷・沢床の要救助者を登山道や林道に引き上げる。この場合、救助ルートが最短で能率が上るがフォールライン上での落石に要注意である

1 倍力システムによる引き上げ

フォールラインと影部の回避

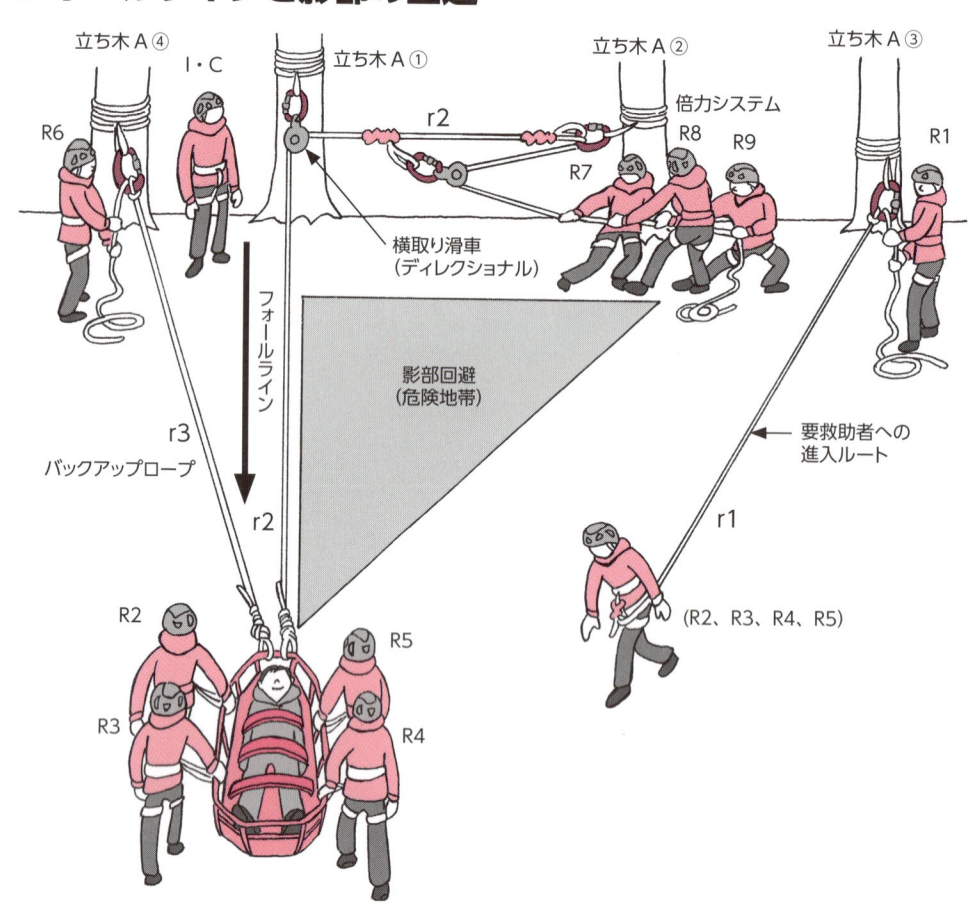

作業の手順

① R1 は立ち木Ａ③を構築しｒ１ロープを確保する

② R2、R3 は R1 の確保で要救助者の場所に進入する。要救助者の症状を確認し、背負
　かストレッチャー搬送かを判断する

③ R4、R5 は R1 の確保で搬送器具を現場に搬入する

④ R6 は立ち木Ａ④を構築し、バックアップロープｒ３を確保する

⑤ R7、R8、R9 は立ち木Ａ①にｒ２ロープを横取り（ディレクショナル）システムを
　構築し、引き上げロープｒ２を掛け、立ち木Ａ②に倍力システムを構築する

⑥ I・C 監視のもとに引き上げ救助を開始する

ストレッチャー救助

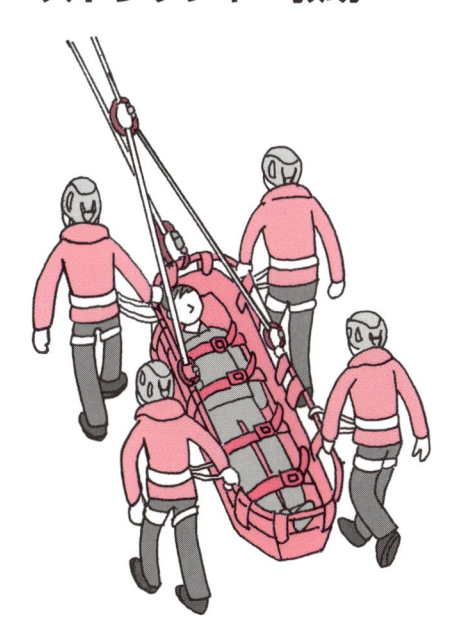

斜度 50°、μ（摩擦率）＝ 0.30、
W（総重量）＝ 410kg
W'（落ちようとする力）＝ 235kgf
F　（張力）＝ 470kgf

W'＝W（sin50°−μ cos50°）
W'≒ 410（0.766 − 0.193）≒ 410×
　　　　　　　　　0.573 ≒ 235（kgf）
W を斜面で減少した重量と考えて弾性確保式の
W に代入する。
落下率を0と仮定すると
F＝（235kgf ＋ 235kgf）＝ 470kgf（4.6KN）

背負救助

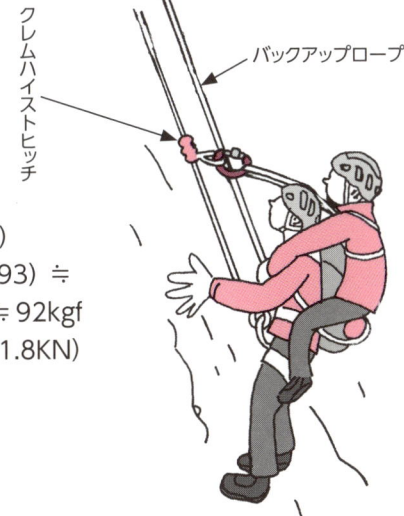

クレムハイストヒッチ

バックアップロープ

W'＝W（sin50°−μ cos50°）
W'≒ 160kg（0.766 − 0.193）≒
　　　　160kg × 0.573 ≒ 92kgf
F＝（92kgf ＋ 92kgf）184kgf（1.8KN）

Point

ストレッチャーや人体と斜面との摩擦で起きる落ちようとする力は斜度によって変わり、アンカーに掛かる張力は減衰する。ストレッチャー救助で要救助者1名に救助者4名がランヤードで繋がる引き上げ中に、スリップなどで瞬間的に総重量がアンカーに掛かると張力は 4.6KN となる。背負救助では 1.8KN の張力が掛かる。
これらの救助方法において落下率を 0 と仮定するのは吊り下ろし救助にも共通することである。
なお引き上げ時の「あおり」による瞬間的な張力の増加は無視する。救助現場では「落石」等を回避するために「フォールライン」や「影部」には立ち入らない。

2 人力による引き上げ

ムンターヒッチでロープを確保する

立ち木アンカー

救助者

第6章

吊り下げ救助

第5章での引き上げ救助の流れで、反対に吊り下げ救助がある。現場の状況に合わせての判断となる

吊り下げ救助

立ち木をアンカーとして吊り下げロープとバックアップロープを制動器具かムンターヒッチで確保する。

背負救助

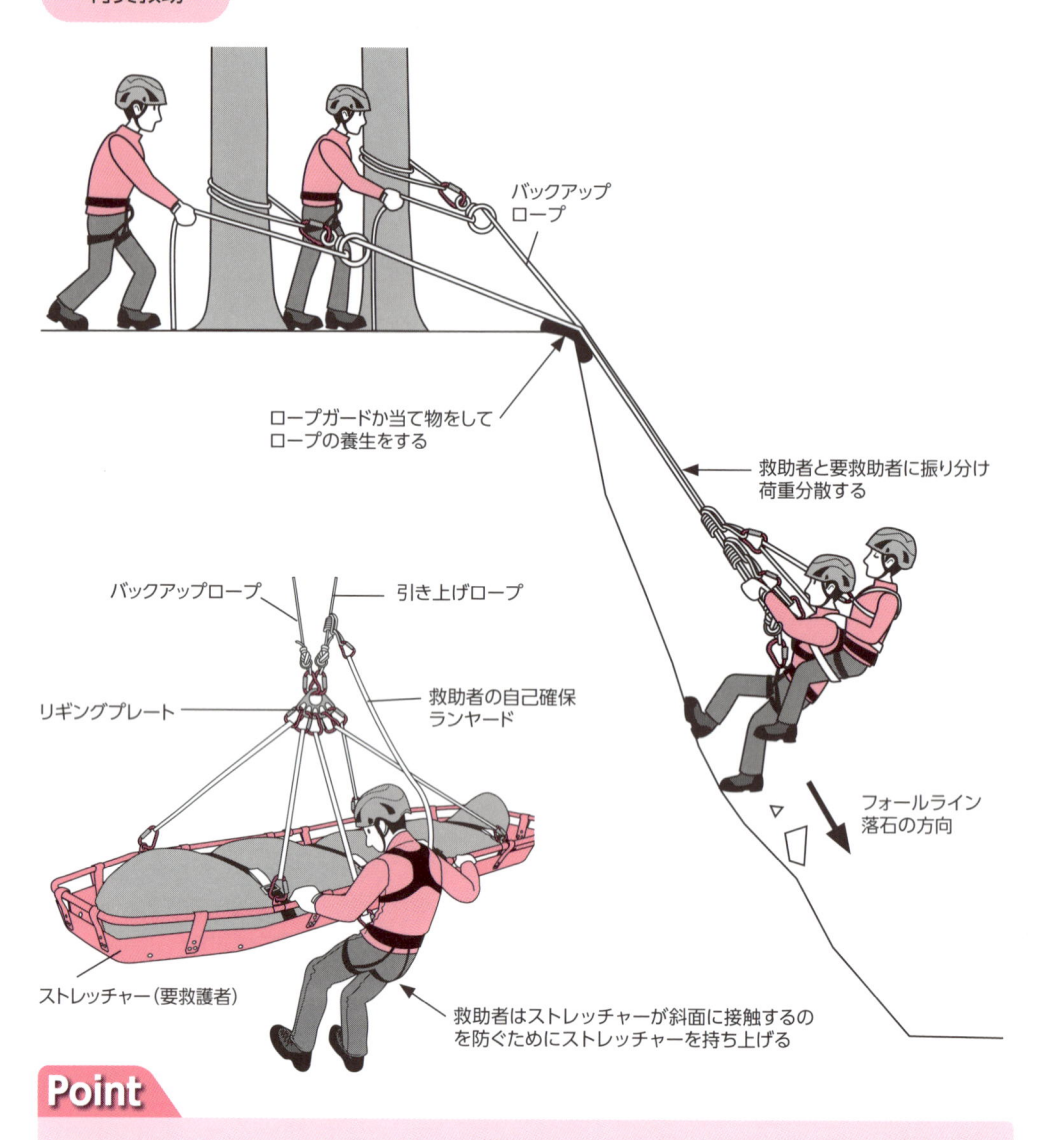

- バックアップロープ
- ロープガードか当て物をしてロープの養生をする
- 救助者と要救助者に振り分け荷重分散する
- バックアップロープ
- 引き上げロープ
- リギングプレート
- 救助者の自己確保ランヤード
- ストレッチャー（要救護者）
- 救助者はストレッチャーが斜面に接触するのを防ぐためにストレッチャーを持ち上げる
- フォールライン落石の方向

Point

背負救助においてはロープやアンカーに掛かる張力は、救助者と要救助者の体重を合わせて160kgとすると，3.1KN となる。ストレッチャー救助では2人分とストレッチャーの重量を合わせて170kgとすると、張力は3.3KN となる。

ロープの結び目の通過方法（ロープ・スルー）

ロープ救助の基本はV字確保

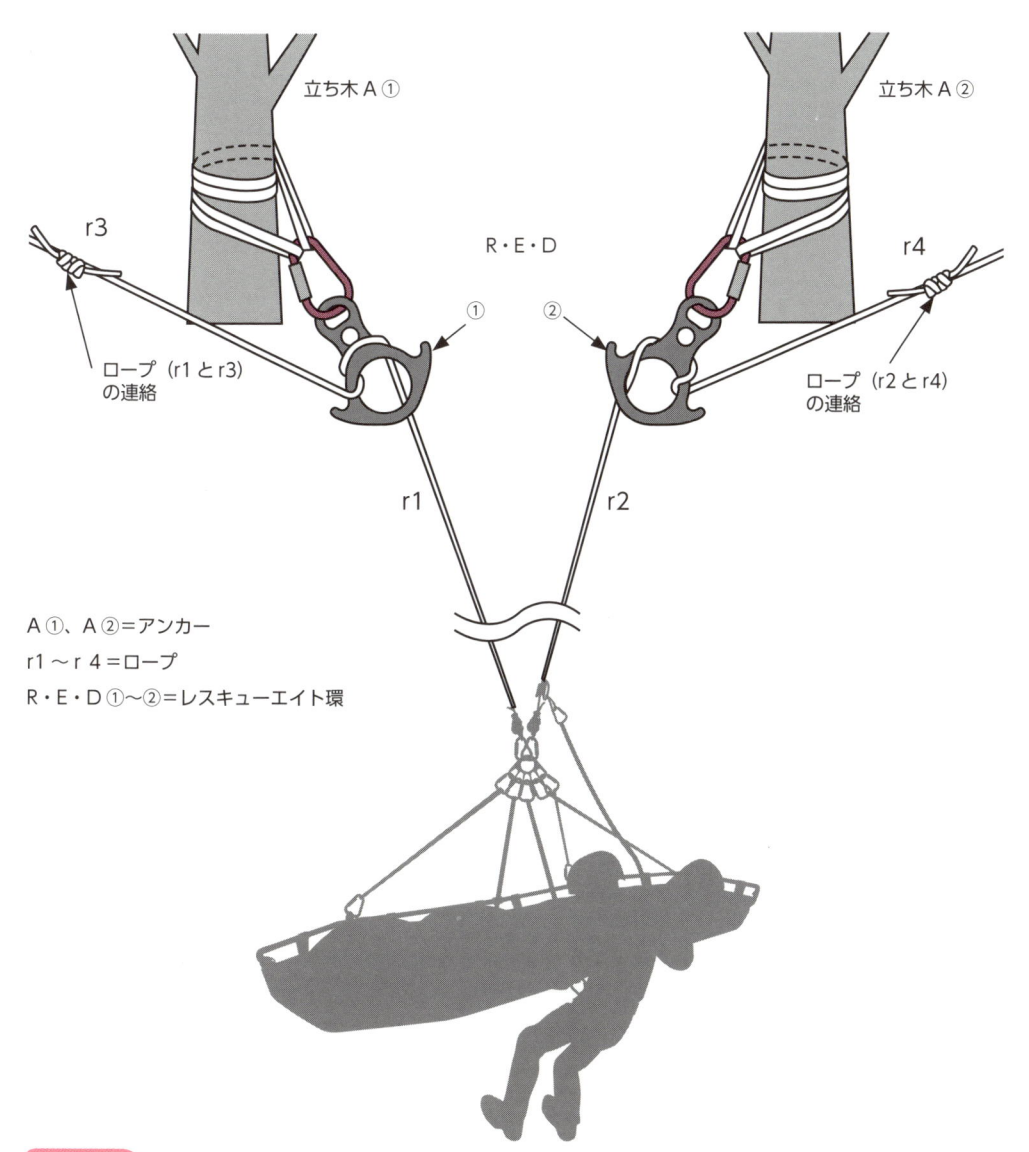

立ち木A①

立ち木A②

R・E・D

r3

r4

① ②

ロープ（r1とr3）
の連絡

ロープ（r2とr4）
の連絡

r1

r2

A①、A②＝アンカー
r1〜r4＝ロープ
R・E・D①〜②＝レスキューエイト環

Point

図ではアンカー①、②にr1、r2の2本のロープを掛けてV字確保する。確保器具は、大型のレスキューエイト環とする。吊り下げ中r1とr2ロープの余長が5mくらいになると、r1にr3、r2にr4ロープをダブルフィッシャーマンズベンドで連結する。結び目はレスキューエイト環を比較的簡単に通過させることができる。

要救助者を背負っての降下救助。この状態で吊り上げることもできる

第 7 章

張り込み救助

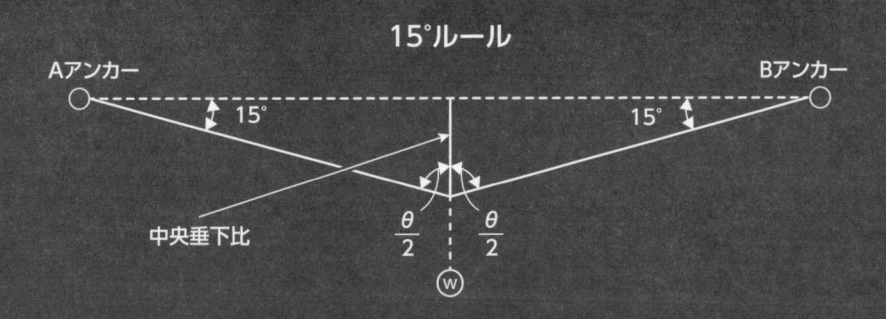

15°ルール

Aアンカー — 15° 中央垂下比 $\frac{\theta}{2}$ $\frac{\theta}{2}$ w — 15° Bアンカー

張り込み救助は他の救助方法よりも資機材を多く使用し複雑な作業が強いられる。またロープやアンカーに掛かる張力は増大する。

目視できない張力を可視化することが最も重要である。この章では「確保の理論」を根拠にロープやアンカーに掛かる張力を取り出して解説する

1 ロープの張り込み　15度ルール

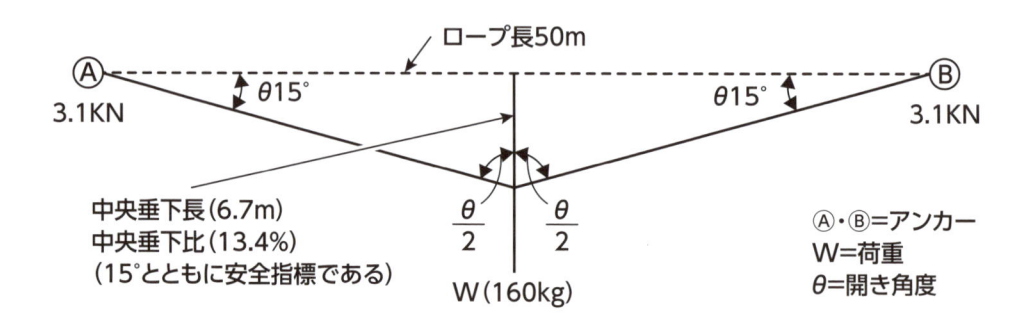

中央垂下長

$$\tan 15° = \frac{X}{25m}$$

$X = 25m \quad \tan 15° (0.2679)$

$X = 6.7m$

中央垂下比

$$\frac{6.7m}{50m} = 0.134 \ (13.4\%)$$

Ⓐ、Ⓑ各アンカーの張力は

$$\frac{\dfrac{W}{2}}{\cos \dfrac{\theta}{2}}$$

80kg ÷ cos75°（0.2588）

Ⓐ、Ⓑ各アンカーにそれぞれ 3.1KN となる

Point

アンカーは強靭で崩壊しないことを前提にすると、破断するのはロープの結び目である。結び目の平均的強度を 13KN として従来から採用されてきた。安全率を 5 倍で見積もると 13KN ÷ 5 倍で 2.6KN となる。吊り荷重 160kg とするとⒶ、Ⓑ各アンカーに 3.1KN がかかり、安全率は 13KN ÷ 3.1KN=4.2 倍となり強度不足となる。これらのことより、張り込みロープを 2 本使うと 26KN となり、安全率は 8.4 倍となる。安全率に 8 倍を確保することは最近のルールである、

ロープ張り込み時の倍力システムは滑車で摩擦が発生し、理論値より約 10％減衰する。倍力システム 4 対 1 では1人の引く力を 490N とし、3 人で 1.47KN で引くことになる。したがって、4 倍力× 1.47KN × 0.7（滑車 3 個分の減衰）＝ 4.1KN となり、これが実測値である。だから 15 度ルールを破る過剰な張り込みに要注意である。以上は 15 度ルールに特化したものである。

張り込み時に掛かる張力に耐えうるアンカーを構築し、安全率を何倍見積もるかは救助現場のリーダーやチームで判断する重要事項である。

張り込み時に理論より導き出された張力（数値）に加えて、ロープを引くときの「あおり」で瞬間的に張力が増大することも考慮する。

2 支点間の開き角度（θ）45度ルール

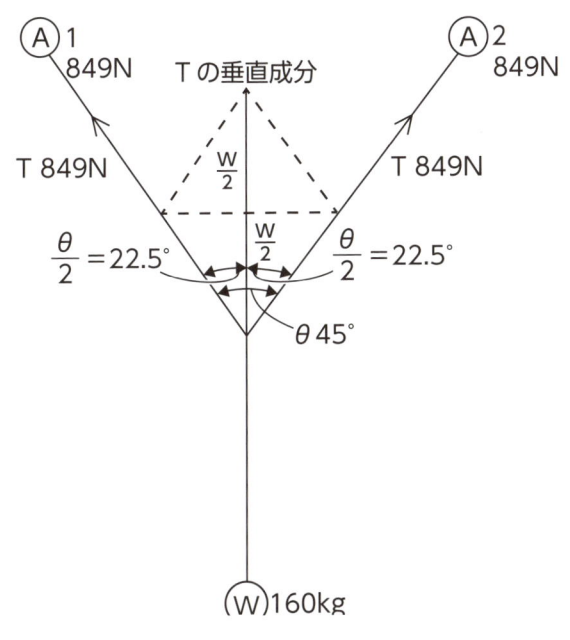

$$T \cos \frac{\theta}{2} = \frac{W}{2}$$

$$T = \frac{\dfrac{W}{2}}{\cos \dfrac{\theta}{2}}$$

Ⓐ1、Ⓐ2 ＝支点
W ＝荷重
θ ＝開き角度
T ＝張力

80kg ÷ cos22.5°（0.9239）＝ 86.6kgf
Ⓐ1、Ⓐ2　各支点にそれぞれ 849N となる

Point

支点を2箇所構築し、アンカーとする場合、支点間のスリングの開き角度（θ）は60度以内に納めるのが理想だとされてきたが、ここでは45度ルールを設定した。45度ルールは、最近では国際的なルールになっている。なお、支点間の開き角度が120度を超えると、張力増大率は急激に上昇する。150度では荷重（W）の約2倍の張力が掛かる。

ロープを張り込んだ吊り下げ救助（索道）

第8章

谷／沢筋における特異性

標高 1000m 前後の低山では谷、沢筋の上部で大雨が降ると数 10 分ほどで急激な増水や鉄砲水が発生する。また斜面の崩落などが起きるという特異性がある。山岳地での行方不明者の多くは谷、沢筋で発見されている。捜索、救助では左岸や右岸への徒渉が必要となる

1 谷・沢の徒渉

低地の沢から上流に向かうと尾根と尾根に挟まれた急峻な谷となる。用語で上流を背にして下流を見て右手側を「右岸」、左手側を「左岸」という。徒渉可能な水深は目安として膝下の深さで、浅くても流速があれば徒渉は困難となる。

図1

R1 ～ R10 ＝レスキュー隊員
I・C ＝インシデント・コマンダー
A ①、A ②＝アンカー
r1 ①、r1 ②＝ロープ

作業の手順

① R1 は立ち木 A ①に r1 ロープを回し掛け、R2 に結着。R2 は R1 の確保を受けて徒渉する

② R2 は下流に向かって右岸へ、その後立ち木 A ②に r1 ロープを結着する

③ R1 は立ち木 A ①に回し掛けた r1 ①ロープを張り込んで固定ロープにする

④ R3 は、固定ロープ r1 ①にランヤードで自己確保し、r1 ②ロープを引いて徒渉し、右岸に着くと、R1 は立ち木 A ①に固定した r1 ①ロープを解除し、元の回し掛に戻す

⑤ 右岸の R で r1 ②ロープを張り込み、立ち木 A ②に固定する

⑥ 左岸に残った全 R は固定ロープ（r1 ①、r1 ②）にランヤードで自己確保し、1 人ずつ徒渉する

⑦ 全 R の徒渉が完了すると、立ち木 A ②に固定した r1 ①、r1 ②ロープを解除し r1 ①ロープを手繰り寄せ回収する

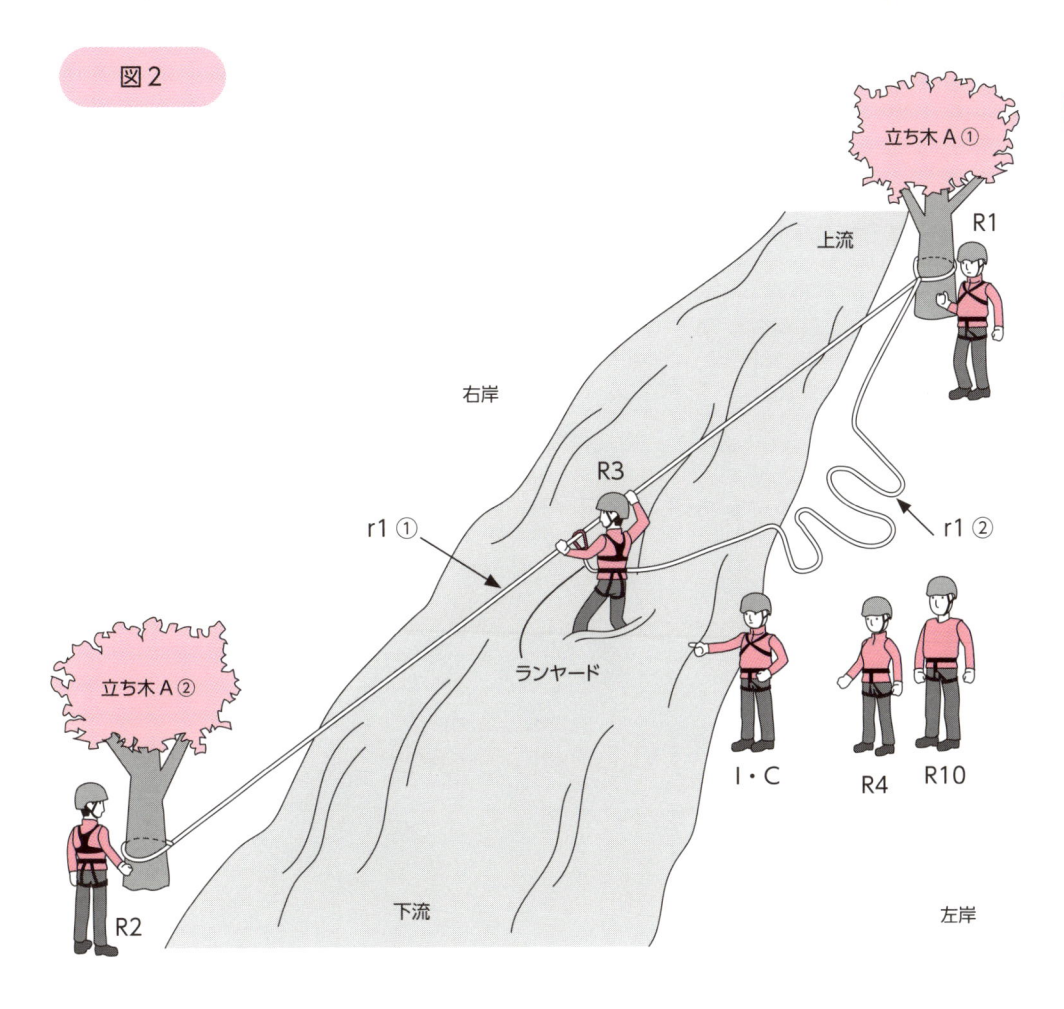

図2

立ち木A①

R1

上流

右岸

R3

r1①

ランヤード

r1②

I・C

R4   R10

立ち木A②

R2

下流

左岸

Point

大雨が降ると低山では数十分のうちに急激な増水や鉄砲水が発生する。落下の大きな滝の直下では滝つぼにストッパーが発生し、人がこれに捕まると水面への浮上が困難になる。また、左右の崖からの落石にも要注意である。川底は不安定な石、滑り、流水圧を受けると簡単に転倒する。徒渉可能な水深は目安として膝下の深さで浅くても流速があれば、徒渉は困難となる。ロープを積極的に使用し、上流から下流に向けて45度の角度で張り込みする。ロープは手摺りのように強く張り込み、高さは頭の位置が理想である。インシデント・コマンダー（I・C）が徒渉の現場全体を監視する。

2 谷・沢床・崖棚の引き上げ

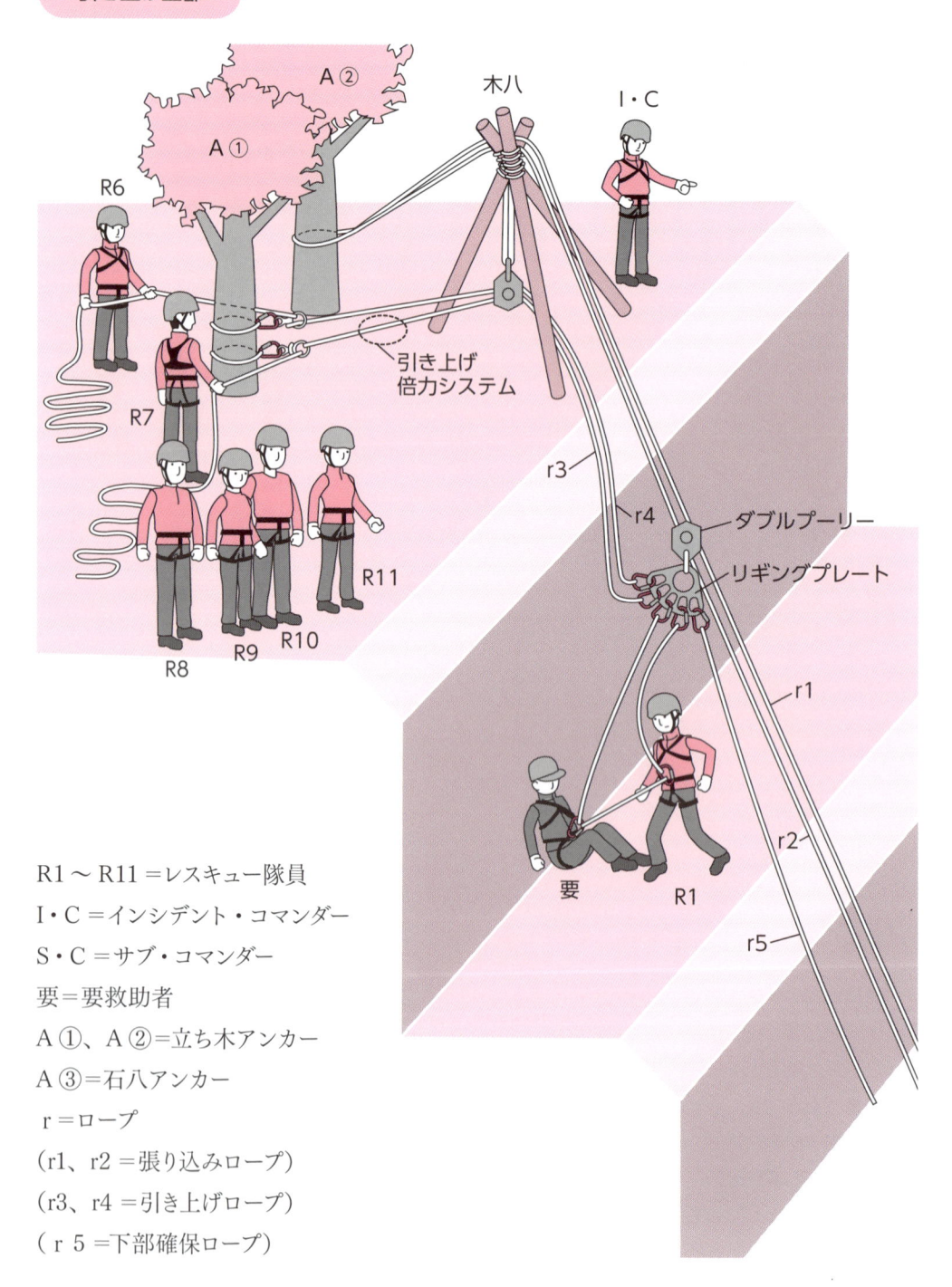

R1 〜 R11 ＝レスキュー隊員

I・C ＝インシデント・コマンダー

S・C ＝サブ・コマンダー

要＝要救助者

A①、A②＝立ち木アンカー

A③＝石八アンカー

r ＝ロープ

（r1、r2 ＝張り込みロープ）

（r3、r4 ＝引き上げロープ）

（ r 5 ＝下部確保ロープ）

引き上げ下部

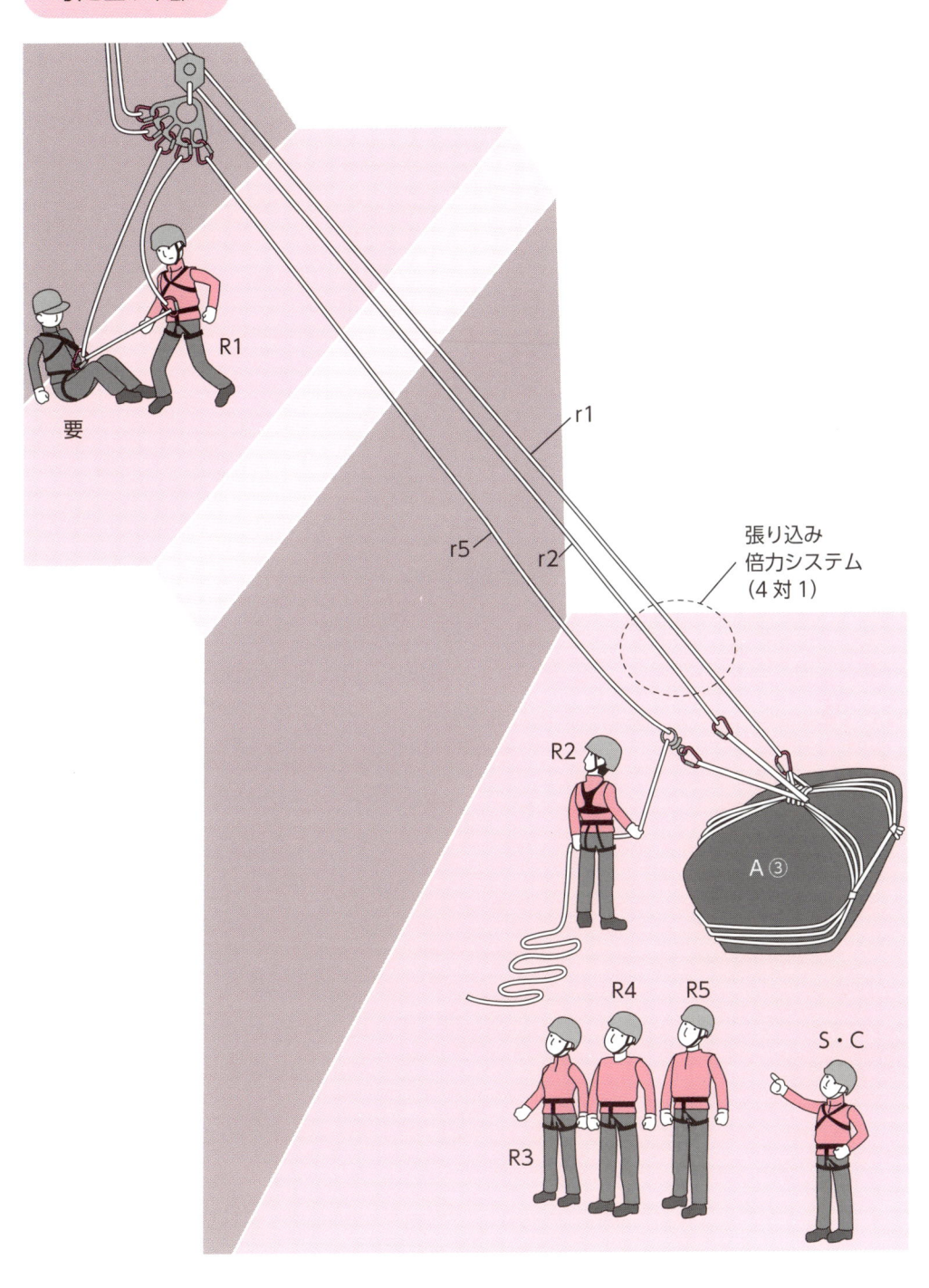

要

R1

r1

r5

r2

張り込み
倍力システム
（4対1）

R2

A③

R4　R5

R3

S・C

作業の手順

① R6〜R11 隊員で、上部アンカー（立ち木 A ①、A ②）、三脚架を構築する

② R1 は r3、r4 ロープを結着、r5 ロープを獲帯し、R6、R7 の確保を受けて、要の位置まで下降する

③ R1 は要に救助用ハーネスを結着し、ランヤードで繋ぎ止める。その後、携帯した r5 ロープを下部へ流す

④ R2、R3、R4、R5、S・L は r1、r2 ロープで谷、沢床に降下し、A ③（石八）構築、張り込み倍力システム（4：1）を構築

⑤ R1 は r3 ロープを解き、ダブルプーリー付きのリギングプレートに結着し、r1、r2 ロープに掛ける

⑥ R1 と要はスリングで連結し、それぞれのランヤードをリギングプレートに結着、R1 は r4 ロープを解き、リギングプレートに結着する

⑦ R1 は、下部に流した r5 ロープをリギングプレートに結着する

⑧ R6、R7 は r3、r4 ロープを張り、r1、r2 ロープの張り込みが完了するまで、R1 と要を確保する

⑨ R2 は A ③に確保器具を取り付け r5 ロープを掛け確保する

⑩ R3、R4、R5 は、交互に r1、r2 ロープの張り込み（倍力システム　4：1）を開始する

⑪ r1、r2 ロープの張り込みが完了後、R6 は r4 ロープの確保、R7 は r3 ロープの確保、R8、R9、R10、R11 で r3 ロープに倍力システムを構築し、引き上げを開始する

⑫ I・C は上部、S・C は下部の作業の流れを監視する

Point

下部アンカーの石八は目安として 1 立方メートル以上（7 ページ参照）の石であること。また、立ち木は直径 30cm 以上のものを使用する。
ロープを張り込み架空索道に構築すると、引き上げ、吊り下げの双方の救助に対応する。

3 ストレッチャーの引き上げ

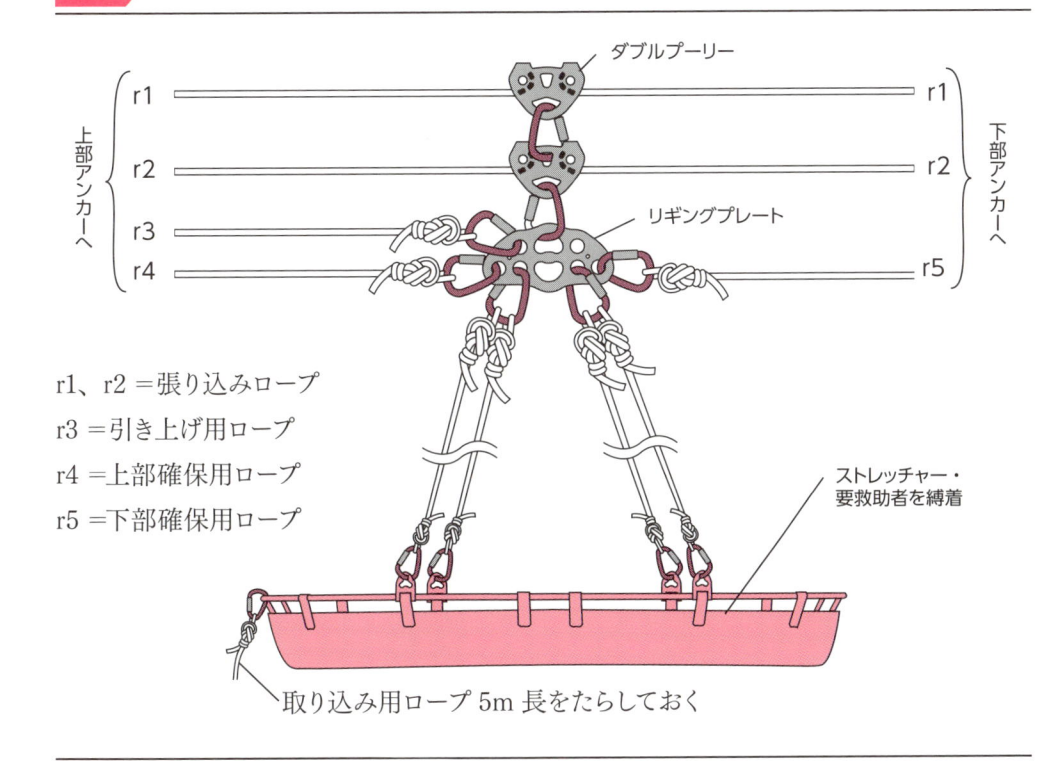

ダブルプーリー

上部アンカーへ r1 r2 r3 r4

下部アンカーへ r1 r2 r5

リギングプレート

r1、r2 ＝張り込みロープ
r3 ＝引き上げ用ロープ
r4 ＝上部確保用ロープ
r5 ＝下部確保用ロープ

ストレッチャー・
要救助者を縛着

取り込み用ロープ 5m 長をたらしておく

4 倍力システム

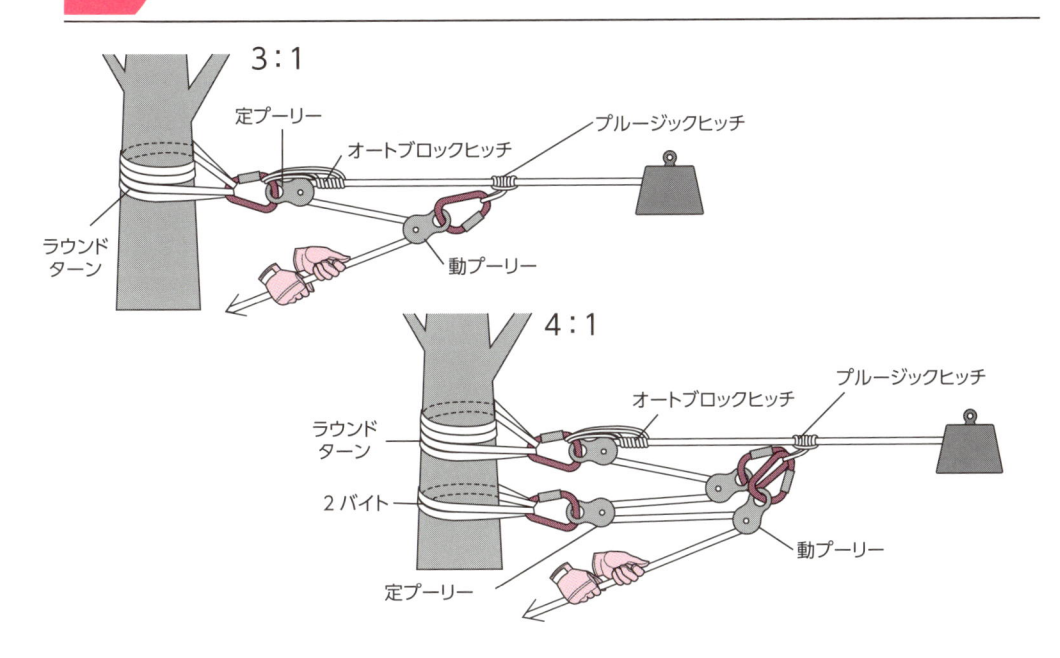

3:1

定プーリー
オートブロックヒッチ
プルージックヒッチ
ラウンド
ターン
動プーリー

4:1

ラウンド
ターン
2 バイト
定プーリー
オートブロックヒッチ
プルージックヒッチ
動プーリー

5 三脚架を作る（木八）

木八
（きはち）

直径 7cm、長さ 2.5m の丸太 3 本の頭を合わせてロープ (9mm × 10m) で 8 の字状に巻き付けて縛る「木八」の由縁である。

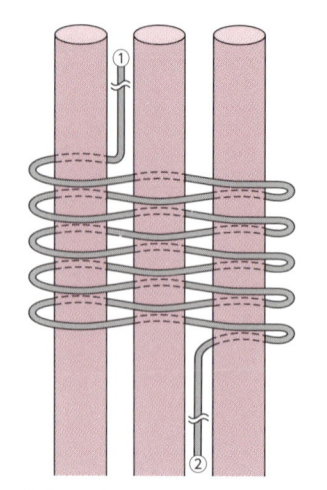 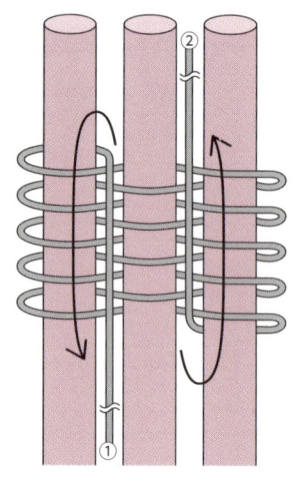 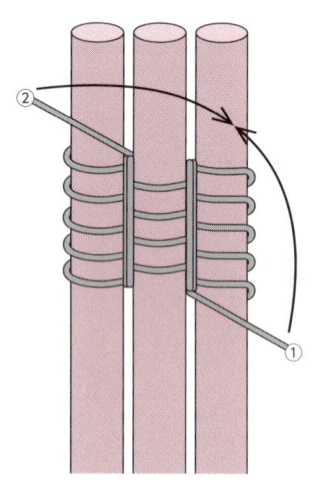

（1）3 本の丸太にロープを 8 の字に回し掛ける

（2）①②のロープはそれぞれ縦割りに掛ける

（3）①②のロープを引き締めて結着する

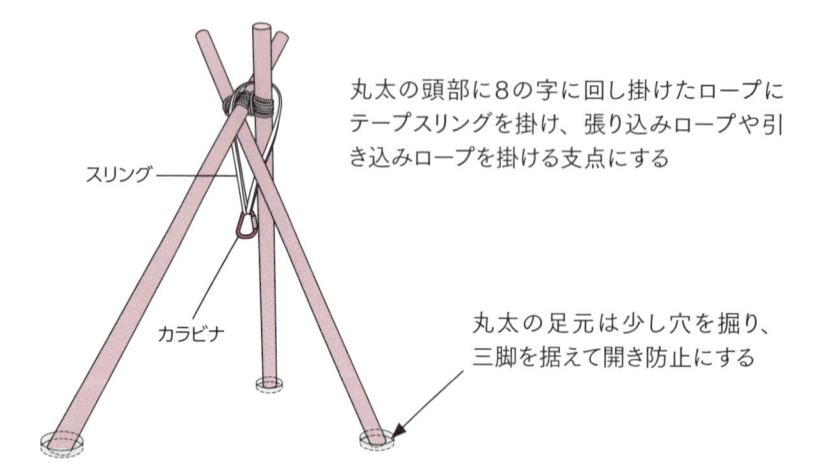

スリング

カラビナ

丸太の頭部に 8 の字に回し掛けたロープにテープスリングを掛け、張り込みロープや引き込みロープを掛ける支点にする

丸太の足元は少し穴を掘り、三脚を据えて開き防止にする

Point

張り込み救助現場において、要救助者を取り込む位置に合わせて簡単に構築が可能である。丸太の長さは状況にあわせて選ぶ。

第9章

懸垂下降

要救助者の場所に複数の救助者を早く安全に投入できる山岳救助の基本的な技術がある

懸垂下降

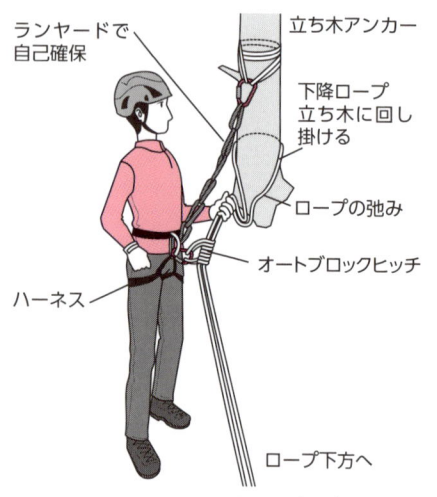

ランヤードで自己確保
立ち木アンカー
下降ロープ 立ち木に回し掛ける
ロープの弛み
オートブロックヒッチ
ハーネス
ロープ下方へ

① ランヤードで自己確保する

② ハーネスのビレイループにカラビナを介してオートブロックヒッチを下降用ロープに掛ける

③ オートブロックヒッチの上にロープの弛みを作る

④ ハーネスに結着したランヤードの 50cm 位置に下降器具をつけてロープの弛みに掛ける

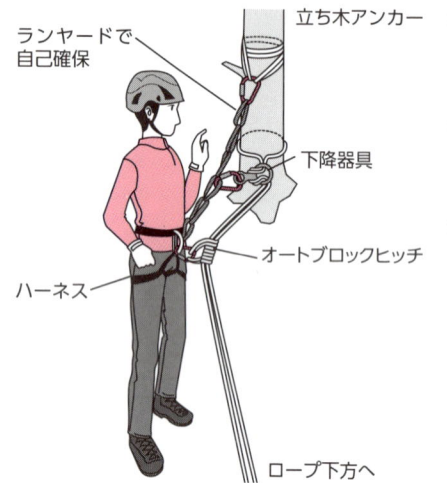

ランヤードで自己確保
立ち木アンカー
下降器具
オートブロックヒッチ
ハーネス
ロープ下方へ

⑤ 下降器具とオートブロックヒッチを上にスライドさせてロープの弛みをなくす

⑥ ロープに掛けたオートブロックの下方を制動手でしっかり握り引き寄せて、ロープに弛みを作る

⑦ 上記⑥の状態で足を突っ張り荷重し、「オートブロックヒッチがしっかりロープを掴んでいることを確認」する

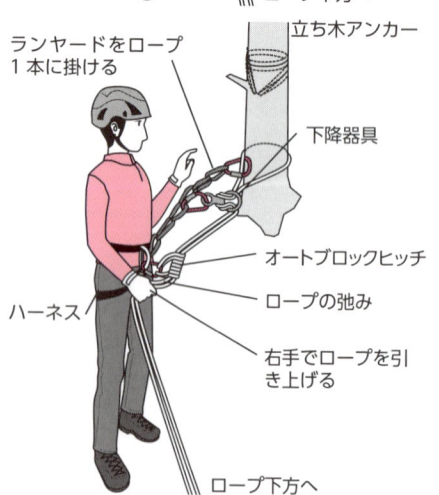

ランヤードをロープ1本に掛ける
立ち木アンカー
下降器具
オートブロックヒッチ
ロープの弛み
ハーネス
右手でロープを引き上げる
ロープ下方へ

⑧ ロープを制動手（イラストでは右手）でしっかり握り締めて、左手でランヤードをアンカーから解除して下降器具の上部ロープに掛ける

⑨ イラストでは左手（コントロール手）でオートブロックヒッチを軽く握り、右制動手と同調させながら静かにロープ荷重し下降を開始する

最終下降体勢

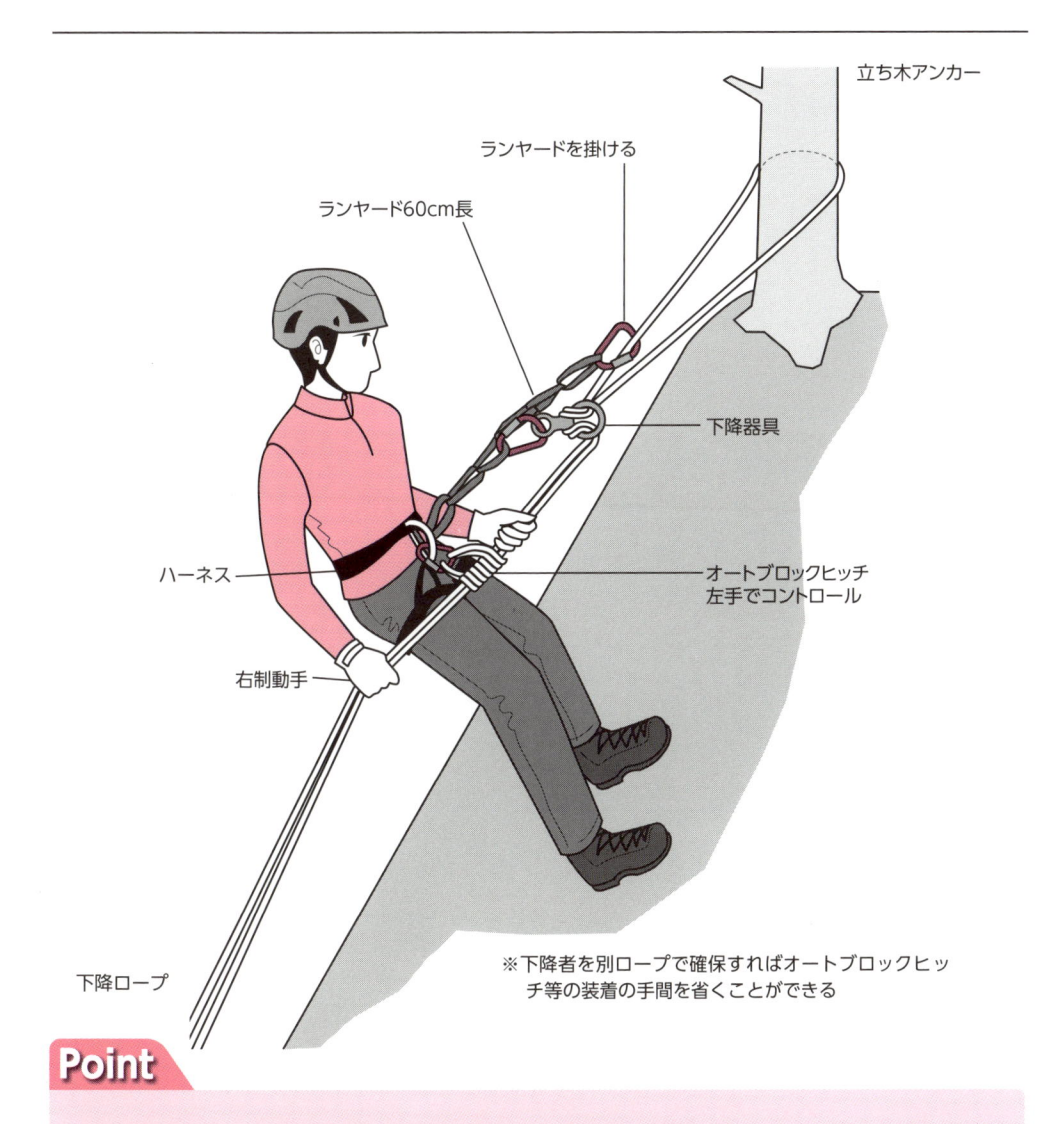

立ち木アンカー

ランヤードを掛ける

ランヤード60cm長

下降器具

ハーネス

オートブロックヒッチ
左手でコントロール

右制動手

下降ロープ

※下降者を別ロープで確保すればオートブロックヒッ
　チ等の装着の手間を省くことができる

Point

懸垂下降でロープを介してアンカーに掛かる張力（F）は

$$F = W+W\sqrt{1+2\times\frac{K}{W}\times\frac{H}{L}}$$

F= 張力　　　W= 荷重（80kg）
の公式から√の中が1になると残りは W+W の 160kgf（2W）。
√の中が1になるとは H/L がゼロ、つまり落下はなしである。
下降中に足場で一度立ち止まり、荷重が抜けた状態で再加重や左右に大きく振られた時
には W+W+W の 240kgf（3W）がアンカーに掛かる。張力は 2W で 1.57KN、3W で 2.35KN
となる。「ゆっくり」と下降するのがポイントである。

樹林帯の急斜面を懸垂下降する

第10章

積雪期における特異性

積雪期には独特の危険が介在する。降雪、雪崩、雪庇の踏み抜きや崩壊など雪面上でホワイトアウトになれば行動不能になる

1 積雪地形

山岳地に積雪すると地形が変化し「積雪地形」となる。西高東低の冬型気圧配置では北西風となり、南北に延びる尾根には東側に東西に延びる尾根には両側にそれぞれ多量の雪が吹き溜まり、「雪庇」が形成され、特に風下側の斜面では「雪崩」の危険が増す。雪崩発生の要因には地形や植生、気象条件が関与し「弱層」が形成され、これが発生源となるが、弱層が形成されなくても、雪崩は発生する。そもそも斜面に雪が積もれば雪は下に落ちようとする物理的なことである。極論ではあるが、「多量の降雪時には行動するな」、また「降雪の直後」も行動は控える。これは先人からの伝承であり行動中は斜面の一部分を見るのではなく、「山全体を見る」ことを怠ってはならない。特に「融雪期」には、斜面の上部の雪面に「クラック」、その下方に「コブ状の起伏」が形成された場合、それは雪崩れが発生する「サイン」であり、視野を広くし観察することが大切である、積雪が膝上に深くなると「輪かん」や「スノーシュー」などの雪上歩行用具や「雪崩ビーコン」「シャベル」「プローブ」も必要となる。雪面が堅くなると「アイゼン」「ピッケル」は必携である。

雪山の要救助者は必ず「低体温症」であると考え、対処する。「保温」や場合によっては「加温」が必要となるが、加温の対処方法は医学的なことから慎重におこなうべきだ、搬送に時間を要する場合は救助に目が向きがちで、おろそかになりやすく、特に留意したい。

ヘリコプター救助では、ヘリコプターが雪庇に近づきすぎると、ダウンウオッシュで雪庇が崩落する危険があり、2次遭難が発生する。ヘリコプターの救助現場への進入には十二分に注意する。ホイスト救助に当たってはダウンウオッシュで雪が舞い上がり、ホワイトアウト状態になるので、ホイスト位置を中心に10㎡以上雪を踏み固めて雪の飛散を防ぐことが肝要である。

② 雪崩・雪庇対策

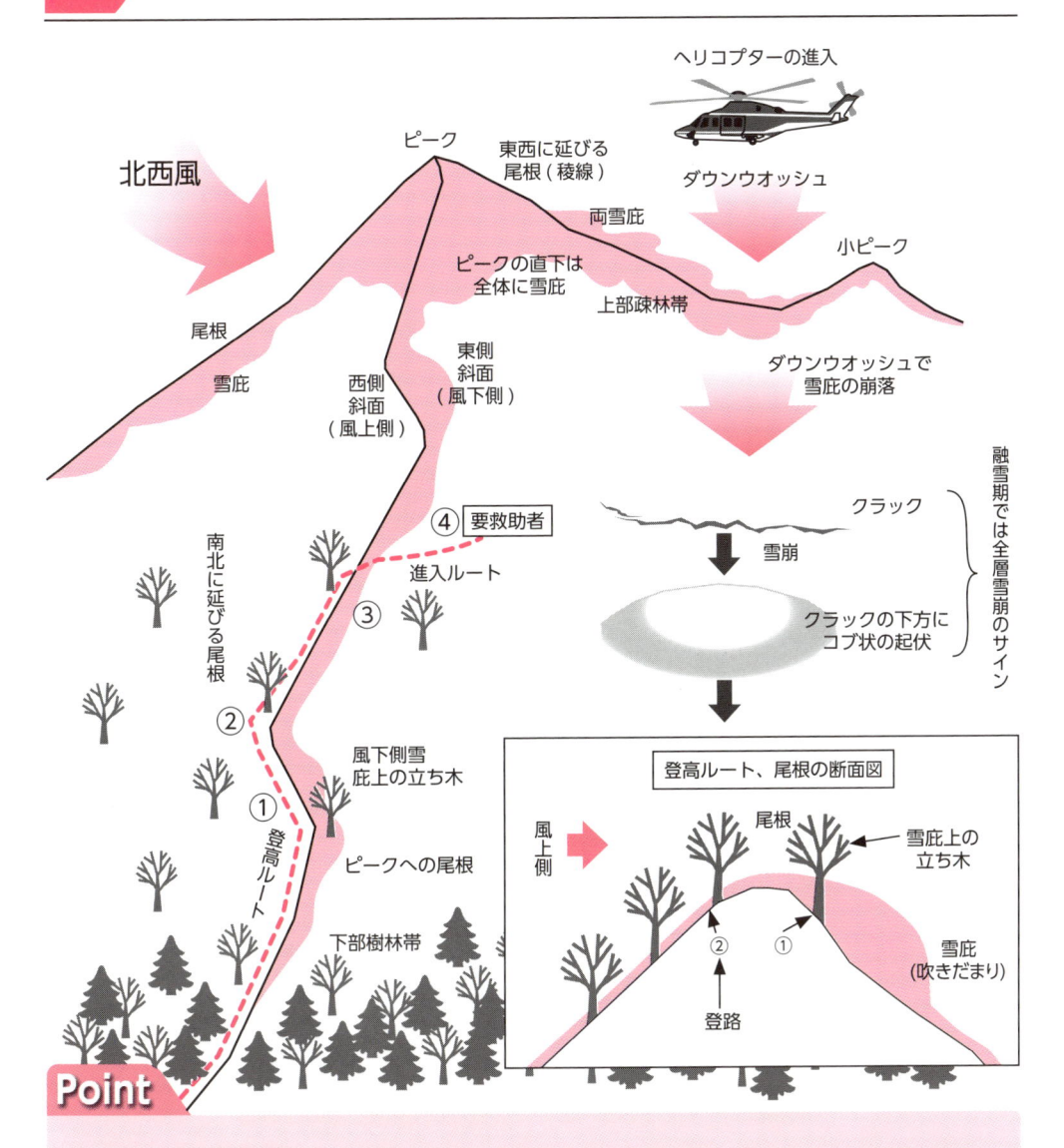

登高ルートは尾根の風上側(左側)。①の場所は立ち木が風下側(右側)の雪庇上にあり、風上側の雪面が尾根を越して同一雪面となっている。近づくと雪庇を踏み抜き、転落する危険がある。②の場所では尾根直下の立ち木の下方を登行する(尾根の断面図参考)。③の場所ではクライミングシステムで、要救助者④の下方より進入する、万が一雪崩を誘発させても要救助者には累が及ぶのを防げる、また、雪崩に流された救助者はロープで確保できる。雪崩対策として登路は尾根筋が比較的に安全ではあるが、樹林帯から疎林帯になる上部やピーク直下では、雪崩の危険性は増す。いずれにしてもこれらは「地形図」から読み取ることができる。

雪稜（尾根）の風下側（右側）に形成された雪庇。山域によっては長さ
30m 以上の雪庇が確認されている

第 11 章

救助活動中の危急露営

危急露営(フォーストビバーク)とは「夜の帳」から安全に身を守ることであり、露営の決断は早すぎて失敗した例はなく、むしろ遅すぎて最悪な窮状に陥った実例はある

簡易テントで危急露営

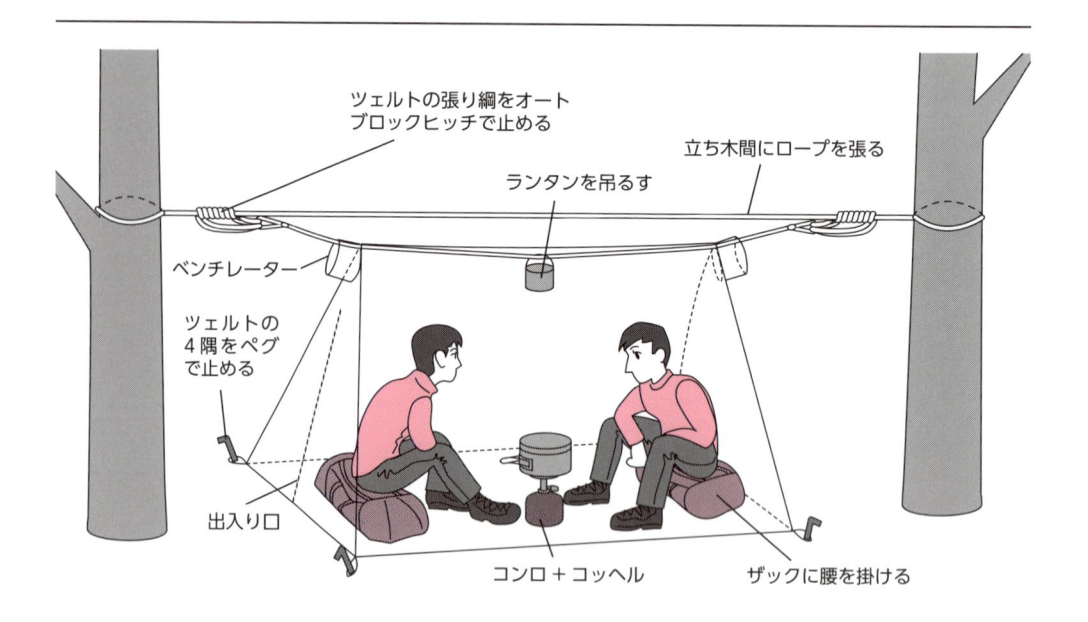

ツェルトの張り綱をオートブロックヒッチで止める

ランタンを吊るす

立ち木間にロープを張る

ベンチレーター

ツェルトの4隅をペグで止める

出入り口

コンロ＋コッヘル

ザックに腰を掛ける

夜を安全に過ごすためには露営地の選定が最も重要である。落石の危険はないか、風当たりはないか、積雪期では雪崩の走路に入っていないか、「外的危険」を取り除いた地形が適地であるが、明るいうちに選定することが肝要である。

露営のための装備として、ツェルトザック（簡易テント）、コンロ（火器）、コッヘル（鍋）、そして非常食と水である。ヘッドランプをコンビニ袋に入れて吊るすとランタンとしてツェルト内を明るくしてくれる。

積雪期の救助活動にはシャベルは必携である。ツェルトの周囲に雪壁を作り、風当たりを防ぐ。またショベルで雪洞を構築することもできる。雪洞はツェルトザックよりも快適である。

なお、密閉された雪洞やツェルト内で火器の使用は大量の酸素を消費するため酸欠になりやすく、最悪の場合「一酸化炭素中毒」になるので、換気をこまめにおこなうことである。

第12章

ヘリコプターによる捜索救助

都道府県には警察、消防、防災ヘリコプターが複数機あり、山岳救助ではこれらのヘリコプターが活動している。他にも自衛隊や民間のヘリコプターも救助に当たることもあり、近年では境界を跨いで出動している

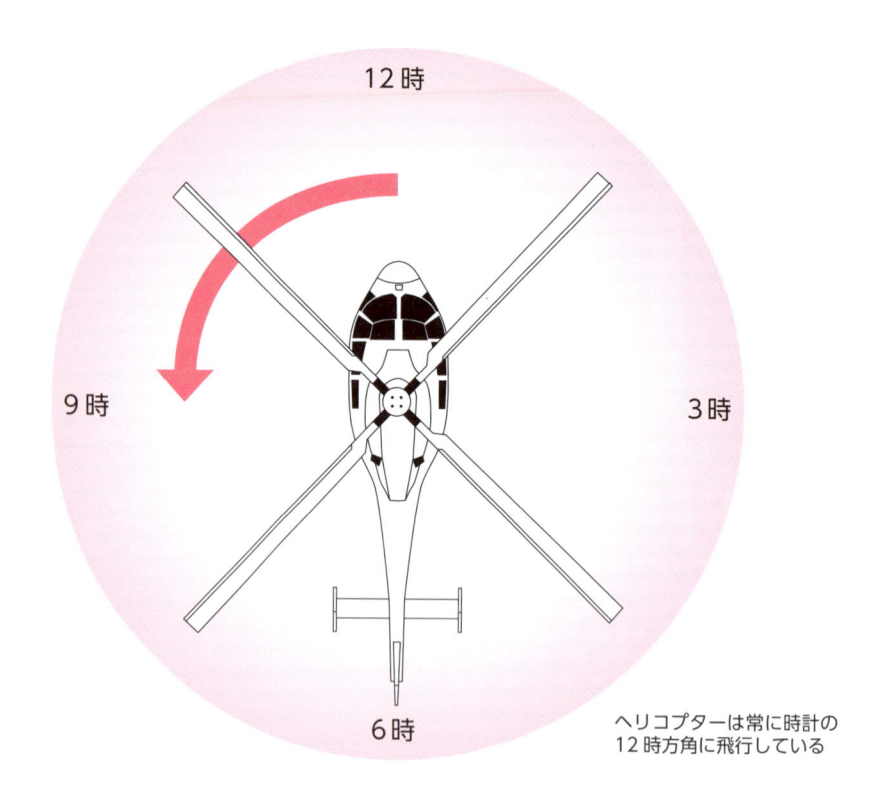

12時

9時

3時

6時

ヘリコプターは常に時計の
12時方角に飛行している

ヘリコプターに救助を求めるサイン

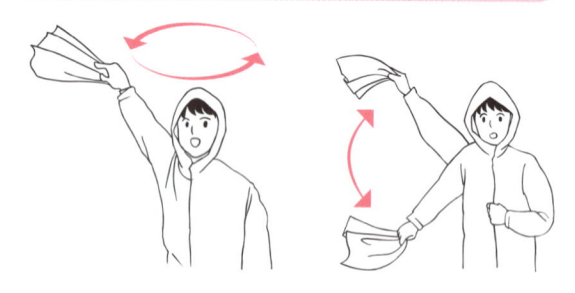

(1) タオルや雨具などを片手に持って上空のヘリコプターに向かってぐるぐる大きく円を描く
(2) ヘリコプターが接近してきたらタオル等を大きく上下に振る

※遭難時以外はヘリコプターに向かってタオル等を振らないこと

Point

ヘリコプターの進行方向は常に12時の方角に飛行している。したがって地上から連絡を取る場合はヘリコプターに対して救助現場は何時の方角と伝える。例えば、現場には9時の方角に位置すると伝えると、ヘリコプターは12時の方角から9時の方角へと旋回して近づいてくる。地上から正確な位置を知らせる方法はいくつかあるが、ヘッドランプの白色点滅をヘリコプターに向けて照射すると、上空から目視しやすく効果的である。また、ヘリコプターに救助を求めるサインとしてタオルなどを振る（図）。最近ではスマートフォンで、救助現場の位置を経度・緯度で伝えることもできる。樹林帯の現場では上空を見上げて5平方メートル（㎡）以上あいていることが、ヘリコプターがホバリングしてのホイスト救助が可能な条件である。

第 13 章

読図とナビゲーション

山岳救助における必須要素の一つが読図とナビゲーションだ。捜索・救助に欠かすことのできない技術を習得しよう

山岳地帯が、われわれが暮らす市街地と大きく異なる点は、わかりやすい目標物が少ないことである。視界が悪いことも珍しくなく、さらに徒歩による移動を要するという条件下にあって、行方不明者、要救助者の居場所への到達から救出までの活動を、安全で効率よく完結しなければならない。そのためには下記の項目について明確に行う必要があり、地形図の活用は有効な手段である。

1 捜索計画
　　要救助者が通ったと思われるコースの確認
　　優先順位
　　捜索範囲
2 救助計画
　　要救助者への到達経路
　　搬出経路
　　応援、補給の経路、拠点の位置
3 現地でのナビゲーション
　　進路の予測
　　進路の維持
　　間違えやすい場所・間違えやすいことの認識

登山に利用されている GPS、スマートフォンの地図アプリなどは、現在地の確認、軌跡の記録には有効だが、現段階では、カーナビゲーションの道案内のように、赴く場所がどのような地形で、そこが安全か、どのような危険があるかなどを言語で情報化できるものはない。そのため、計画、予測、危険予知を的確に行うためには、地図記号、特に等高線が表現する地形の理解が不可欠である。

この項では山岳地帯での行動に必要な地形図の利用方法や注意点について解説しよう。

❶ 地形図の約束事

① 方角

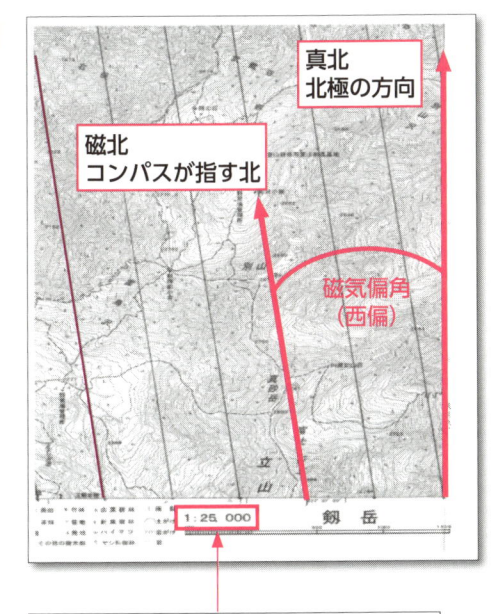

地形図の基準
1. 経緯度の基準は世界測地系
2. 高さの基準は東京湾の平均海面
3. 等高線及び等深線の間隔は10メートル
4. 投影はユニバーサル横メルカトル図法、座標帯は第53帯、中央子午線は東経135°
5. 図式は平成25年2万5千分1地形図図式
6. 磁気偏角は西偏約7°40′
7. 図郭に付した▼は隣接図の図郭の位置、｜は日本測地系による地形図の図郭の位置
8. 図郭に付した数値は黒色の短線の経緯度（茶色の短線は経緯度1分ごとの目盛）

② 縮尺

地形図上の距離 ：実地の距離
　　　　　　1mm ：25000mm（25m）

③ 等高線

❶ 5つの地形要素

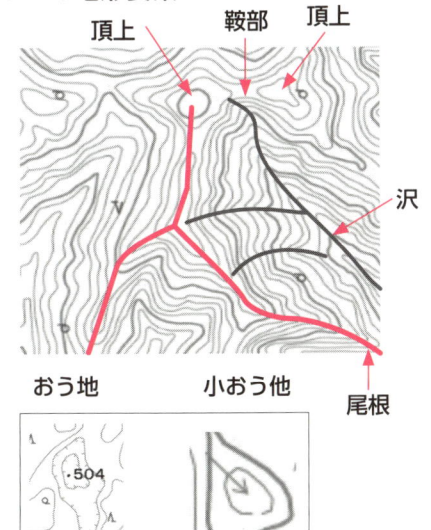

❷ 傾斜の緩急

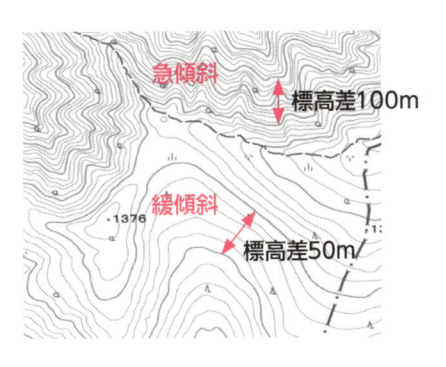

※図中の②本の←→は同じ長さ
等高線の間隔が広い→緩傾斜
等高線の間隔が狭い→急傾斜

2 地形図の読み方

1 基本的な予測

例：赤の点線に沿って△から◎へ向かうと、コースはどんな地形を進んでいくかを予測してみる。

等高線の曲がり具合、間隔から予測

コース中のどこが上りでどこが下りか

コースの傾斜の緩急はどう変わるか

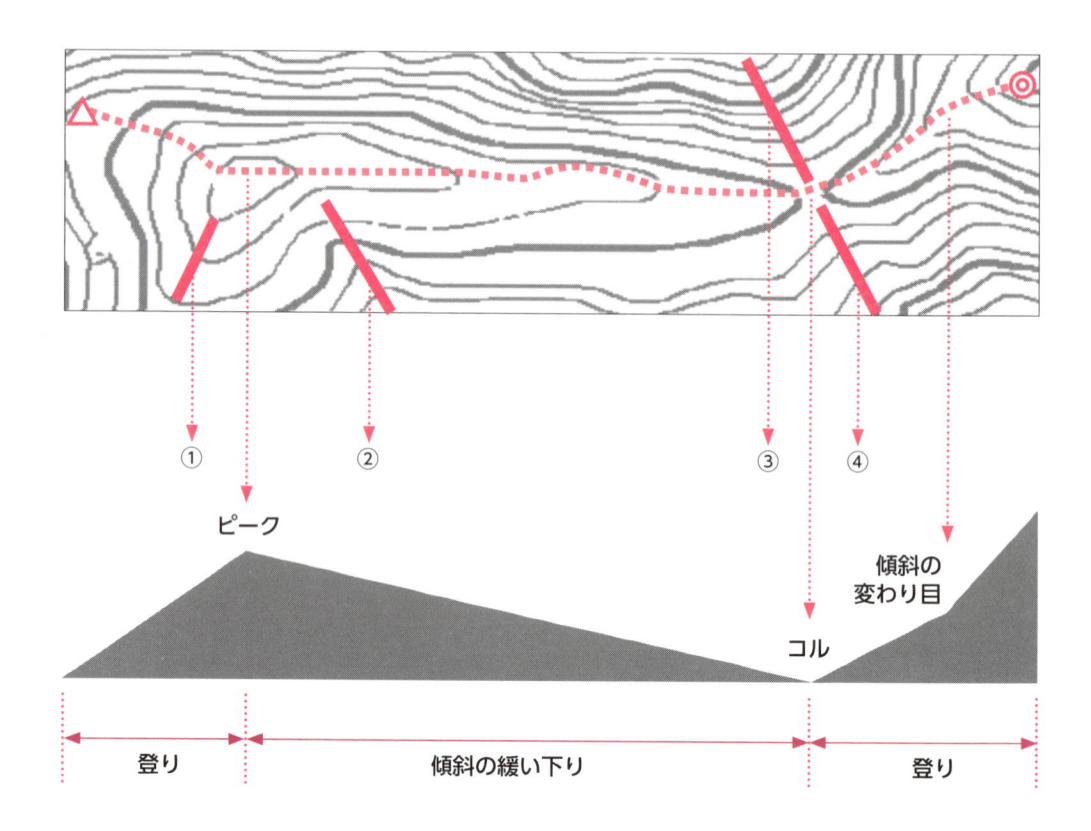

コースの周囲に現れる地形要素。

①ピークから尾根が南西に延びている

②沢が南東に延びている

③④コルから沢が北西と南東に延びている

2 **少し難しい予測**

基本通りに表現されていない地形を見つける。

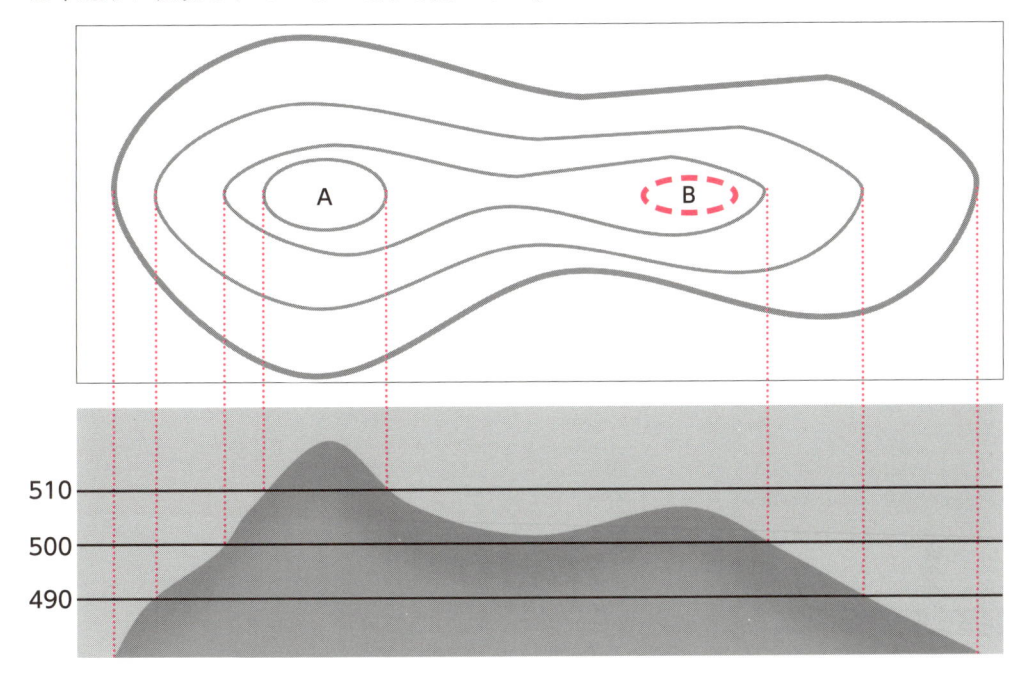

山並みの断面だけを見ると、B（点線の○）のように描かれそうに思えるが、ピーク左側の標高が 500m を切っておらず、また A のように 510m を超えてもいないため記載されない。

実際の地形図の例

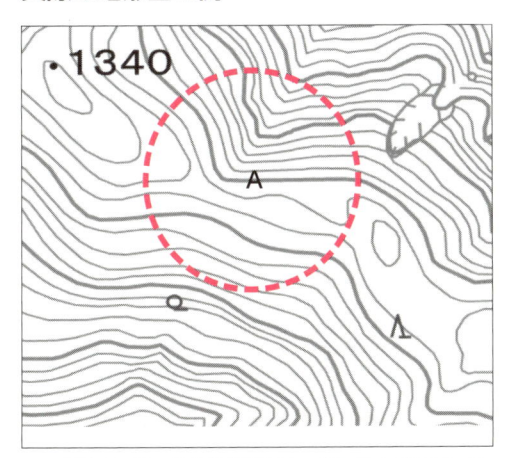

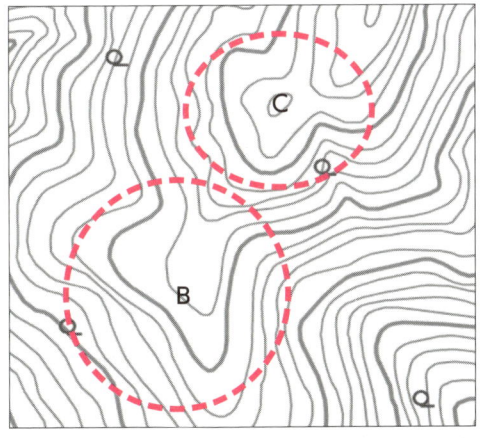

A の部分は尾根の等高線が膨らみ、東西でくびれている。A の現地には小さなピークがある可能性が高い

B の現地には小さなピークがある可能性が高い。高い地形が出会う尾根の分岐であり、北側には東西から低い地形の連なりである沢が向き合っている。
C のピークも周囲に B と同様の特徴が見られるが、→の等高線からみて 10m を超す高さがあるため等高線で丸く囲まれた表現になる

❸ 間違えやすい場所

尾根・沢

・尾根の場合→下りで枝分かれする尾根に迷い込む
・沢の場合→上りで枝分かれする沢に迷い込む

斜面を横切る道

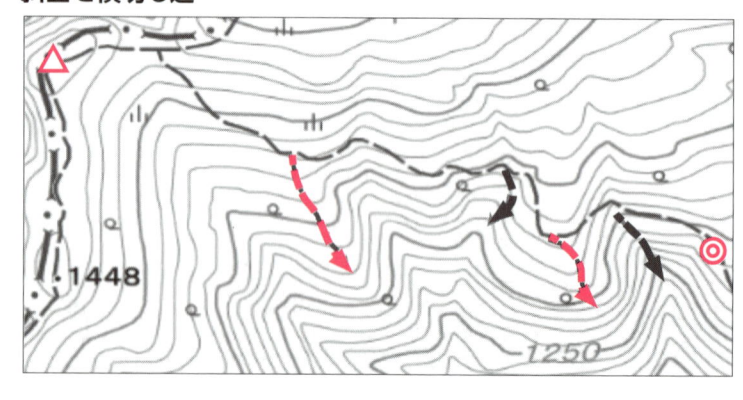

上図の△から◎へ向かう場合
・黒の矢印のような場所で、沢筋が道のように見えてしまい、沢へ迷い込む
・赤い矢印のような場所で、尾根上に踏み跡や線状に開けた草叢など道に見えてしまうものに誘われて違う尾根に迷い込む

傾斜が緩く、起伏の乏しい場所

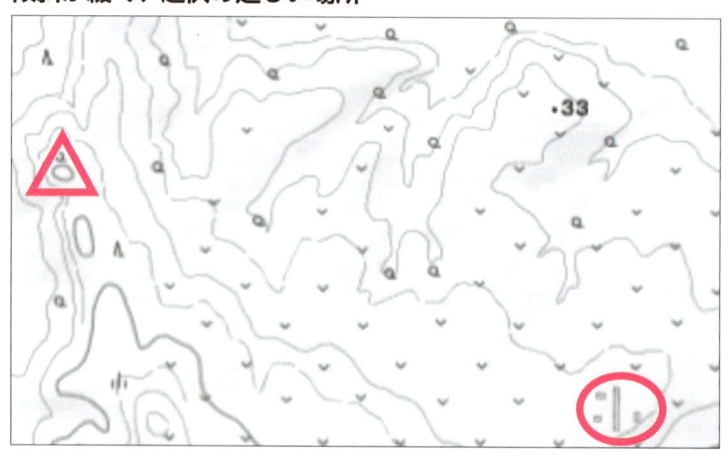

・傾斜が緩く、尾根、沢が判然としないような、メリハリの乏しい地形では方向を見失いやすい。△のピークから○の建物に辿り着くことは容易ではない

3 GPS機器等の利用に関する注意点

GPS機器や、スマートフォン用GPSアプリは、現在地の確認と軌跡を記録できるという点では非常に有効である。しかしながら、現段階では、カーナビのようにこれから向かう先の様子を知らせてくれる機能はなく、自身で地形図の表現を理解してコースを予測する必要がある。下図のようなことも起きるため、機器、アプリのクセに惑わされないように特性をよく知って使いこなす必要がある。

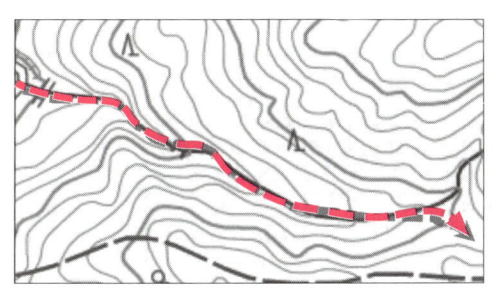

実際に歩いたコース
林道から沢に入り、沢筋を忠実にたどった

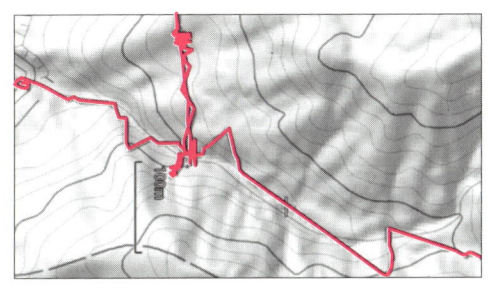

スマートフォンに記録された軌跡の例
明らか通っていない場所に軌跡が記録された。
人工衛星の補足が不十分だったり、軌跡の記録
に関する設定が不適切な場合にも起こりうる。

紙の地形図と異なる注意点として、読図の能力に加え、機器の操作方法、特性の習得、電源の維持（予備バッテリーの携行、寒冷による能力低下の予防など）機器を破損から保護するための携行方法などが必要である。
地形図も同じだが、持っているというだけで安心することがあってはならない。どちらも使用者がきちんと使いこなせる能力を持って、有効な装備になる。

地形図とプレートコンパスで現在地と目的地（目標）を確認する

第14章

救助活動の注意点

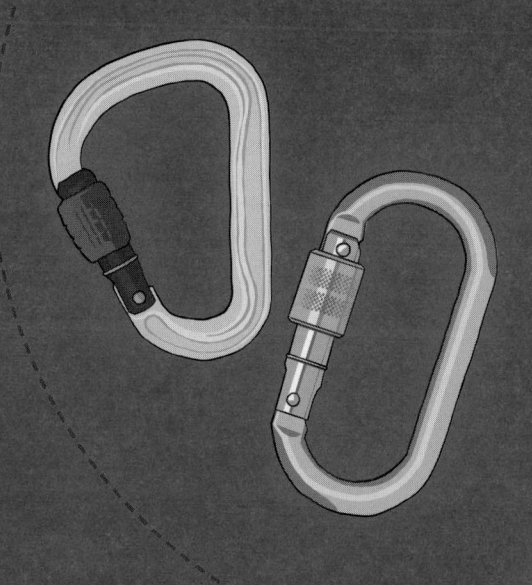

資機材は、使用頻度や経過により消耗し劣化が生じる。資機材をよく理解し取り扱いには十二分に注視しよう

1 ロープの特性 (ダイナミックロープ、セミスタティックロープ)

1 耐剪断性

ロープが岩角の鋭いエッジに当たり、大きな張力が掛かると切断する。耐剪断性ロープの径の二乗に比例して強くなる。

2 耐熱性

ロープどうしが絡み合い、大きな張力が掛かると摩擦熱が発生し、ロープが溶解して切断する。

3 ダイナミックロープはバネのようによく伸びて、大きな張力を緩和してくれる。張力とロープの伸びは比例する。

4 岩の上に置かれたロープに落石が直撃すると、ロープは簡単に切断する。

5 ロープは結び目で切断する

ロープの径や結びの種類により、張力 12KN 〜 16KN で切れる。

6 オーバーハンドノットベンドでロープを連結し、末端処理の止め結びがないと張力 11KN で結び目は解けてしまう。

7 ロープの強度

❶ カーン＝内芯（フィラメント、ヤーン、ストランドで構成）
　ロープ強度の 90 パーセントを受け持つ

❷ マントル＝外皮
　ロープ強度の 10 パーセントを受け持つ

❸ ロープが水を含むと強度は 30 パーセント低下する

8 救助用のロープは径 10mm 〜 12.5mm のセミスタティックロープ 2 本を使うことを前提としている。セミスタティックロープの伸び率はダイナミックロープの伸びの半分以下である。したがって。クライミングには決して使用してはいけない。

2 軽合金資機材の取り扱い

資機材に使用される素材の中でも、特に超ジュラルミン製（アルミニウム、銅、ケイ素、ニッケル、マンガン、亜鉛などの混合合金）の製品は、製造の最終工程で、強度を高めるために熱処理がされている。カラビナに通常、張力が掛かると、カラビナのスパイン（脊柱）で大半の張力を受け止めている。長時間使用したカラビナは経年劣化で金属疲労を起こすと、カラビナ内部にミクロクラックが発生し、破断に至る。

もちろん、他の資機材にも同じことがいえる。丁重に扱うことだが、場合によってはスチール製のカラビナの使用を勧める。スチール製のカラビナは靱性や耐摩耗性に優れている。なお、パワーポイント（P・P）ではカラビナの2枚掛けを原則とする。

3 個人装備

個人装備といっても、その種類は沢山ある。救助者である前に登山者の立場で四季にあわせて選ぶことが大切である。そのなかでも特に靴は大切である。山岳遭難の原因はいくつかのパターンがあるが、目立つのは下山中に支尾根に誘い込まれ迷い込む。そして行く手を崖に阻まれると左右どちらかの斜面に進入してゆく。斜面がやがて急斜面となり谷底へと落ち込む（遭難者は沢・谷底で発見されることが多い）。捜索救助では登山道ではなく、不整地の草付の斜面に進入することを考えると軽登山靴ではなく、斜面に対してグリップ力が強いしっかりとした登山靴を選ぶことが安全にも繋がることである。

身体、特に「コア」である背中部、胸部が気温に対して非常に敏感な部位であることを考えると、肌に直に接する下着についても目を向けることが大切である。特にコア部分の下着の素材であるが、肌に面で接する素材より、点で接することが理想である。ウール素材の下着が良い。その点メッシュ状下着も、四季を通じての活動において適した下着である。

4 熱中症と低体温症

山岳地は四季を通して厳しい自然環境に曝されている。その一部であるが、標高100メートルごとに気温は 0.65℃下がり、身体が風速 1 m/s を受けると体感温度（実際の気温とは別に肌が直接感じる温度）は、1℃下がる。熱中症も低体温症も自然環境の温度変化が引き金になって発症する。特に低体温症は夏場においても発症する。

熱中症になる原因の一つに脱水症がある。これは水とともに電解質などが奪われることで引き起こされる。これを防ぐには水とともにナトリウムイオン等の電解質をバランス良く補給することが大切だ。通常、体重 1 kg あたり 1 時間で 5 cc の脱水、つまり体重 50kg では 1 時間で 250cc 脱水するといわれている。これを目安に水分補給することが必要になる。

低体温症が引き起こされる場合、気温が低く（10℃以下）、強風（10m/s 以上）を受け、体が濡れている状況下におかれることが大きな要因となり体温が加速度的に低下する。カロリー不足も拍車を掛ける。夏場の稜線上での典型的な事例である。防御としては身体を濡らさない、強風から身体を守る。肌着は濡れても体温が奪われにくいウール素材を身につけることである。風に対しては、雨具などを着ることで防ぐことができる。また、カロリーの補給も大切である。

以上のことは救助者、要救助者ともに起こりうる状況である。

おわりに

　1963年頃からクライミングを主体とした山行を継続してきました。1974年、当時の(社)日本アルパインガイド協会＝現(公社)日本山岳ガイド協会＝に入会し、認定山岳ガイドとして山行を重ねてきました。2004年に日本山岳レスキュー協会(現一般社団法人)を設立。活動は山岳救助従事者への山岳救助講習や訓練のお手伝い、山岳遭難者の捜索・救助、一方では登山者への安全登山の啓蒙を行ってきました。

　救助依頼の一報が入ると、捜索・救助は基本的にまず山岳地域を管轄する警察や消防等の公共団体が行います。要救助者が行方不明の事案での捜索は数日続きますがそれでも発見できなければ捜索は縮小されます。そのため事案発生から何日か後に捜索依頼を受け、地形図をもとに捜索計画を立てることになります。行方不明者の大半は、谷、沢筋で発見されることが多く、登山道上に派生する尾根に迷い込みその後に右や左の谷、沢に滑落し行動不能となってしまいます。現場は不整地での歩行、登攀、懸垂下降、立ち木のない草付き急斜面ではピッケルを頼りに上り下り……といった具合で、総じて登山技術の活用が強いられます。要救助者が発見されると、いかにして搬送するかが重要になります。救助ヘリが飛べない事情がある場合やヘリ救助が不可能な現場では人力救助となりロープを積極的に活用することとなります。このような経験や現場での思いがこの書を作る原動力となりました。

　文部省登山研修所(現 国立登山研修所)では1972年から山岳遭難救助研修会が始まり、1986年には岩場での救助を想定してワイヤーでの張り込み救助が本格的に始まりました。1990年頃にはセミスタティックロープによる救助が主流になりました。1998年には「山岳遭難救助技術テキスト」が完成しました。この頃の研修会参加者は一般社会人山岳会の人たちが多数を占めていましたが、2005年にテキスト改訂版が出る頃は参加者の大半が消防関係者になりました。私も講師として参加しましたが、教科書は前述の「山岳遭難救助技術テキスト」でした。

　現在、ロープ救助技術書は多数ありますが、技術的な内容が多岐にわたっており、選択に苦慮します。そこで技術的なことをシンプルに表現できないかと考え、本書では確保理論を根拠にイラストを使って分かりやすく記述しました。

　私は最近、和歌山県十津川村の林業に従事する方々と谷底に転落した重量200kgのバイクの引き上げに関わりましたが、彼らは木材搬送用のワイヤー索道を張るためにドローンを巧みに駆使していました。山岳遭難現場捜索においてはすでに用いられてますが、山岳救助でも追々活用されることと思います。いずれにしても山岳救助の原点はこの書で伝えることができました。山岳救助の従事者には是非一読していただければ幸甚です。

　(一社)日本山岳レスキュー協会会員の小林亘氏には地図読み、島田和昭氏には懸垂下降について記述してもらいました。確保理論については岳兄の松本憲親氏にアドバイスをもらいました。イラストは第1章から第5章までを登山ガイドであり、イラストレーターの橋尾歌子氏に、第6章から第14章までを登山家でグラフィックデザイナーの大越玉代氏にわかりやすく描いてもらいました。

　また、本書の刊行を手がけていただいた東京新聞、編集の銅冶伸子さん、エディトリアルデザイナーの竹田壮一朗さんに大変お世話になりましたことを、この場を借りて感謝いたします。

2025年　山本一夫

参考文献

1、 登山研修 Vol.2 確保技術の研究 （石岡茂雄 文部省登山研修所 1986年）

2、 〃 Vol.7 岩登りにおける確保と問題点 （山本一夫 文部省登山研修所 1991年）

3、 〃 Vol.14 確保理論 （柳澤昭夫 文部省登山研修所 1998年）

4、 〃 Vol.17 確保理論再考 (1) （柳澤昭夫 文部省登山研修所 2001年）

5、 〃 Vol.18 確保理論再考 (2) （北村憲彦 文部科学省登山研修所 2002年）

6、 〃 Vol.20 衝撃荷重の小さなロウプとグランドフォール （松本憲親 文部科学省登山研修所 2004年）

7、 〃 Vol.21 アンカーの構築 （松本憲親 文部科学省登山研修所 2005年）

8、 〃 Vol.23 確保理論（入門編、基礎編）（松本憲親・北村憲彦 文部科学省登山研修所 2007年）

9、 〃 Vol.29 フォロワーの確保についての検証（その2）（高野由美子 国立登山研修所 2014年）

10、 〃 Vol.37 注意速報・結んだソウンスリングの強度 （小林亘 国立登山研修所 2022年）

11、続・生と死の分岐点 （ピット・シューベルト／訳・黒沢孝夫 山と渓谷社 2004年）

12、改訂新版・現代登山技術 （ヘルマン・フーバー／訳・横川文雄 山と渓谷社 1983年）

13、高みへのステップ 登山と技術 （山本一夫ほか、文部省登山研修所、1985年）

14、高みへのステップ 確保の理論（金坊一郎 文部省登山研修所 2005）

15、山岳遭難救助技術テキスト （山本一夫ほか、文部科学省登山研修所、2007年）

16、山岳ガイドの教本 （山本一夫ほか、日本山岳ガイド協会、2010年）

17、JPA パラグライダー・レスキューＢＯＯＫ （山本一夫監修、日本パラグライダー協会、2010年）

18、フランス ENSA ガイドの教本 （フランス国立登山スキー学校）

19、カナダ山岳ガイドの教本 （カナダガイド協会）

20、ロープレスキュー （イカロス出版、2008年）

21、アルパインクライミング教本 （笹倉孝昭、山と渓谷社、2020年）

22、全図解レスキューテクニック （堤信夫、ナカニシヤ出版、2005年）

23、ロープレスキュー技術 （堤信夫、山と渓谷社、2007年）

24、図解 山の救急法 （金田正樹、東京新聞、2018年）

25、The Mountaineering 7Edtion

26、新高みへのステップ第5部 (国立登山研修所 2023年)

89

山本一夫 ◎ Kazuo Yamamoto

1969 年アメリカ・デナリウエスタンリブ（6194m）（第 2 登）、1971 年ヨーロッパ・エギーユドミディ南壁（冬季）、1984 年ネパール・ガウリサンカール南峰（7145m）（東稜初登）、1992 年中国ナムチャバルワ（7782m）（初登）

『高みへのステップ』（共著、文部省登山研修所、1985 年）、『北アルプス大日岳の事故と事件』（共著、ナカニシヤ、2007 年）、「山岳ガイドの教本」（共著、日本山岳ガイド連盟、2010 年）

（公社）日本山岳ガイド協会認定国際ガイド、（一社）日本山岳レスキュー協会会長、（公社）日本山岳ガイド協会特別顧問

小林　亘 ◎ Wataru Kobayashi

1988 年、小笠原村針之岩（初登）、1989 年、中国・天山山脈雪蓮峰ジャンクションピーク（6350m）、1990 年、パミール高原コルジェネフスカヤ（7100m）、1990 年、ヨセミテ渓谷ハーフドーム。

（公社）日本山岳ガイド協会認定山岳ガイド II、（一社）日本山岳レスキュー協会会員、（公社）日本山岳ガイド協会国際山岳認定医委員長、国立登山研修所主任講師

島田和昭 ◎ Kazuaki Shimada

2003 年、エギーユ・ヴェルト、マッターホルンリオン稜
2009 年、明神岳 2263 峰南壁中央ガリー（冬期）
2010 年、ダウラギリ 1 峰（敗退）
2013 年、屋久島障子岳南壁
2014 年、利尻岳西壁中央ルンゼ＆アフトロマナイ沢（初滑降）
日本山岳ガイド協会安全対策委員長、FA 委員。（公社）日本山岳ガイド協会認定山岳ガイド II、（一社）日本山岳レスキュー協会理事長
「救急医学」（共著、へるす出版、2024 年）

橋尾歌子 ◎ Utako Hashio

イラストレーター、（公社）日本山岳ガイド協会認定登山ガイドステージ III、UIMALA 国際登山リーダー。2004 年西チベット パチュンハム（6529m）、ギャンゾンカン（6123m）連続初登攀。最近は、仲間とのルート開拓を楽しんでいる。著書に「それいけ避難小屋」「帰ってきた避難小屋」（ともに山と渓谷社）。

大越玉代 ◎ Tamayo Ohkoshi

グラフィックデザイナー
(公社) 日本山岳・スポーツクライミング協会公認スポーツクライミングコーチ 1
独学でグラフィックデザインを習得。ロゴデザインや建築パース、壁画作成まで幅広い業務に従事する。山岳活動はフリークライミングや登山に勤しむ。

図解 山岳救助技術
確保的根拠から救助技術まで

2025年4月24日　初版発行

著　者　山本一夫
発行者　岩岡千景
発行所　東京新聞
　　　　〒100-8505
　　　　東京都千代田区内幸町2-1-4
　　　　中日新聞東京本社
　　　　電話[編集]　03-6910-2521
　　　　　[営業]　03-6910-2527
　　　　FAX　　　03-3595-4831
装　丁　竹田壮一朗(TAKEDASO. Design)
本文組　竹田壮一朗(TAKEDASO. Design)
印刷・製本　株式会社シナノパブリッシング
©2025 Kazuo Yamamoto Printed in Japan